湖北省学术著作出版专项资金资助项目

土木工程前沿学术研究著作丛书（第1期）

斜拉桥三维覆冰拉索驰振特性研究

谭冬梅　杨万庆　等　编著

武汉理工大学出版社

·武　汉·

内 容 简 介

本书共分 13 章。内容包括:绪论,CFD 数值模拟基本理论,三维新月形覆冰直索数值模拟,三维新月形覆冰斜拉索数值模拟,三维扇形覆冰直索和斜拉索数值模拟,三维变截面新月形覆冰直索数值模拟,三维变截面新月形覆冰斜拉索数值模拟,三维变截面 D 形覆冰斜拉索数值模拟,三维扇形覆冰双索尾流驰振数值模拟,三维扇形覆冰双索对比模型尾流驰振数值模拟,索距为 4 倍索径三维新月形覆冰双索数值模拟,索距为 16 倍索径三维新月形覆冰双索数值模拟,索距为 4 倍索径三维 D 形覆冰双索数值模拟。

图书在版编目(CIP)数据

斜拉桥三维覆冰拉索驰振特性研究/谭冬梅,杨万庆等编著.—武汉:武汉理工大学出版社,2018.7

　　ISBN 978-7-5629-5833-8

　　Ⅰ.①斜…　Ⅱ.①谭…②杨…　Ⅲ.①斜拉桥—研究　Ⅳ.①U448.27

中国版本图书馆 CIP 数据核字(2018)第 156178 号

项目负责人:杨万庆　　　　　　　　　责 任 编 辑:王一维

责 任 校 对:余士龙　　　　　　　　 封 面 设 计:许伶俐

出 版 发 行:武汉理工大学出版社

地　　　　址:武汉市洪山区珞狮路 122 号

邮　　　　编:430070

网　　　　址:http://www.wutp.com.cn

经　销　者:各地新华书店

印　刷　者:荆州市鸿盛印务有限公司

开　　　　本:787×1092　1/16

印　　　　张:10.125

字　　　　数:166 千字

版　　　　次:2018 年 7 月第 1 版

印　　　　次:2018 年 7 月第 1 次印刷

印　　　　数:1~1000 册

定　　　　价:58.00 元

前　言

在本书中,简要介绍了斜拉桥覆冰拉索的研究现状、CFD 数值模拟基本理论以及三维典型覆冰类型拉索驰振特性研究(其中研究的典型覆冰类型有新月形、D 形及扇形;拉索分为直索、斜拉索及双索),为拉索的覆冰研究提供了大量的理论数据。

参与本书编写的有谭冬梅、杨万庆、王凯丽、邵强华、罗素珍、李晓敏、吴浩。

由于作者水平有限,书中难免存在不足之处,热忱期望读者批评指正。

编　者
2018 年 3 月

目　　录

1 绪 论

1.1 引言

随着社会和科技的进步,以及国民经济的发展,通过使用高强度材料、改进施工方法和应用有限元技术,世界各地兴建了一大批跨海跨江工程。悬索桥、斜拉桥和拱桥是常见的大跨度桥梁形式,其中斜拉桥具有梁体内弯矩小、桥体质量轻、外形美观等优点,采用最为广泛。在我国由于实际工程建设需要,对桥梁的跨度提出了越来越高的要求。在 20 世纪,分别建成了跨度 602 m 的斜拉桥——杨浦大桥、跨度超过 1000 m 的悬索桥——江阴长江大桥[1]。21 世纪,大跨度桥梁设计技术越来越成熟,建成了上百座大跨度桥梁,其中包括主跨超过 1000 m 的斜拉桥——苏通大桥,以及主跨超过 1600 m 的悬索桥——西堠门大桥。而大跨度斜拉桥主要通过斜拉索传递荷载,斜拉索作为主要受力构件,其安全性直接影响到桥梁的整体安全性,因此,确保大跨度斜拉桥斜拉索的安全性是十分重要的。

因为自然中大气的热力、动力在时间和空间上的不均匀性,致使同一高度上两点之间产生压力差,从而产生风[2]。风灾对桥梁的破坏不仅只发生在强风条件时,往往还发生在弱风的情况下,因为弱风引起桥梁产生长时间的风振动,使桥梁在反复振动作用下产生疲劳损伤,威胁其安全。1879 年到 1889 年这十年间,由于大跨桥梁接二连三地受到风毁以及高耸建筑物对抗风的要求,许多国外学者开始了对桥梁风压的研究,埃菲尔首次尝试利用风洞试验测试塔的风压大小,并于 1909 年成立风力研究所,测试结构物上由风压产生的静力作用[3]。以前,在进行桥梁设计时,仅仅将自然风作为静力荷载施加在桥梁上。1940 年,Tacoma 大桥在 8 级风的作用下,主梁如同布条一般发生大幅度的横向振动,最终大桥坍塌(Tacoma 大桥遭受破坏的图片见图 1-1),人们开始重视桥梁的风致响应。从此认为,桥梁结构不仅受平均风作用,还受到脉动风作用,脉动风是一种随时间随机变化的风,以动荷载的形式作用在桥梁结构上,致使桥梁结构发生动力响应[4]。当结构刚度较大时,风以静风荷载作用在桥梁结构上,不会引起结构的位移与振动,当结构跨度较大时,尤其对于超千米的大跨度结构而言,结构的刚度相对较小,风对结构产生动力作用,从而引起结构的振动响应。

图 1-1　Tacoma 大桥遭受风毁

施工技术和现代材料的发展,促使斜拉桥的跨径越来越大,随之斜拉索越来越长,且越来越柔,并且斜拉索具有质量轻、阻尼小等特性,极易在风荷载的作用下产生振动,产生疲劳损伤破坏。比如德国的 Kohbrand 大桥就是由于斜拉索的振动产生了疲劳破坏;南京长江二桥因风雨激振,最大振幅超过 50 cm,最终造成斜拉索阻尼器的损坏。斜拉索是斜拉桥传递荷载的重要构件,关乎桥梁的整体安全,斜拉索造价几乎占到整个工程的 1/3,破坏会造成很大的经济损失,因此,有必要对斜拉索的风致振动进行深入的研究。

1.2　斜拉索的风致振动形式

因为桥梁斜拉索跨度大、直径小且固有频率较小等特点,在外部荷载作用下,斜拉索容易产生各种各样的振动形式。根据引起斜拉索振动的原因,可将斜拉索振动分为两类:一类是斜拉索气动性不稳定引起的风致振动,另一类是外部结构运动引起的非风致振动[5]。风致振动包括:涡激振动、风雨激振、驰振(干索驰振、覆冰驰振、双索尾流驰振)、抖振。

1.2.1　涡激振动

斜拉索的涡激振动是一种共振现象,即斜拉索在风荷载作用下,在斜拉索的后表面产生交替脱落的涡旋,此交替脱落的涡旋引起斜拉索的振动,当激励频率与斜拉索的某阶自振频率相等时,斜拉索产生共振现象。这种振动的起振风速较低,振幅不大,初期不会产生严重的后果,长时间的累积易使斜拉索产生疲劳破坏。

1.2.2 风雨激振

在 Meiko-Nishi 大桥上研究人员第一次观测到风雨激振现象[6]。风雨交加的天气,雨水在斜拉索表面形成雨线,改变了斜拉索的气动外形,斜拉索在风的作用下发生大幅度、低频率振动,即风雨激振[7]。在风雨激振的情况下,斜拉索发生的振幅是所有振动形式中最大的,极易引起斜拉索的疲劳破坏。风雨激振发生条件:风速一般为 6~18 m/s;雨量大小不会影响振动的发生,但对振幅有较大影响;斜拉索的空间位置、包裹斜拉索的材质和斜拉索表面的灰尘对风雨激振的发生也有一定影响。这种振动一旦发生,振幅增加迅速,甚至会出现相邻斜拉索碰撞的糟糕状况。

1.2.3 驰振

驰振是指非圆截面细长结构,在风荷载作用下,产生一个顺风向的阻力作用及一个垂直于阻力方向的升力作用。当风速超过临界值时,空气产生气动负阻尼,使结构不断从外界吸收能量,促使振动不断增大增强,使结构产生极大振幅而丧失稳定,产生失稳破坏。驰振是一种不稳定的发散振动,这种振动最初发现于覆冰输电线,其振幅高达 10 倍输电线直径,对于斜拉桥结构中的细长结构,例如主梁、桥塔、斜拉索等都有可能发生驰振现象。根据引起驰振的原因,驰振分为干索驰振、覆冰驰振和双索尾流驰振。

(1)干索驰振

在风荷载作用下,当斜拉索处于无水露及无覆冰的干燥情况,且风攻角处于特定范围内时,风速超过临界风速,斜拉索发生持续振动,此振动为发散性强迫振动,定义为干索驰振。温晓光等对干燥斜拉索进行了风洞试验,并利用三维数值模拟技术对试验进行验证和拟合,研究了干索发生驰振的原理及驰振影响因素[8]。

(2)覆冰驰振

冬季,雨凇、雾凇等在斜拉索表面形成不同形状的覆冰层,导致斜拉索的横截面形状改变,斜拉索重心位置发生偏移,在风荷载作用下,出现风载与扭转的耦合作用,斜拉索出现两个方向的振动。当风速超过临界风速时,空气中出现气动负阻尼,斜拉索不断从外界吸收能量,加大自身的振动,此为斜拉索的覆冰驰振。

（3）双索尾流驰振

双索尾流驰振是指串列放置的两根索,在风荷载作用下,下游索会受到上游索尾流的激发,而加大自身的振动,下游索的振动振幅不断加大,最终会在某一个大振幅下达到稳定振动,振幅不再加大。尾流驰振发生的原因是,在风荷载作用下,上游索的尾部会形成交替脱落的涡旋,如果下游索正好处于此尾流域内,会受到上游索尾流的影响,所以,斜拉索的间距对下游索尾流驰振影响明显。根据以往研究表明,当两索距离较近或较远时,均有可能发生下游索的尾流驰振现象,所以,尾流驰振根据斜拉索之间的距离远近分为近距失稳和远距失稳。

1.2.4 抖振

自然风可以分为平均风和脉动风[4],斜拉索在脉动风作用下产生的振动,称为抖振。抖振不同于上述的几种风致振动,它是一种顺风向振动,风速越大,振幅越大,但有一定的幅度限制,不具有发散性。其起振风速低、振动频率高,斜拉索锚具随之产生疲劳破坏,安装阻尼器可以起到防范作用。

1.3 驰振机理研究发展概况

在 1932 年,Den Hartog 给出了基于单自由度驰振模型的横风向驰振理论[9-10],他认为受到风的作用后,模型在横风向上运动产生位移变量,在这种情况下,驰振模型与风速方向的相对风向角发生改变,进而引起模型气动力的变化。此理论第一次提出了驰振是一种极不稳定的自激振动,这个理论是预测驰振发生、估算驰振响应的主要依据。

在 1981 年,Nigol 概括出扭转驰振理论[11-12],此理论同样是由单自由度的驰振模型获得的,但是 Nigol 认为斜拉索自身的扭转是导致斜拉索与风速方向的相对风攻角有所变化的原因,随着相对风攻角的改变,如果斜拉索负气动阻尼的绝对值大于斜拉索的正气动阻尼,振动就会变得发散。

在 1992 年,Yu 给出了惯性耦合的失稳理论[13-14],在承认横风向驰振理论和扭转驰振理论是有可能发生的基础上,他认为扭转向和垂直方向的联合作用可能导致斜拉索在某个方向上占主导的不稳定性振动。马文勇推导出覆冰输电线在任一风向下沿任一方向发生振动的单自由度驰振振动判别公式,在理论方面证明了输电线具有产生顺风向驰振的可能[15]。

1.4　驰振研究方法

目前,对于大跨度桥梁抗风研究分析,主要有 4 种方法,即理论分析、现场实测、风洞试验和数值风洞研究。最先采用的分析方法是理论分析和现场实测,由于这两种方法准确度较低且无法对驰振现象进行细致的分析,所以,后来随着科技的发展及设计的需要,发展了风洞试验和数值风洞研究,数值分析也从二维分析发展到三维数值分析。

1.4.1　理论分析

对于一个新的数值方法,人们常采用理论分析方法计算解析解,然后再与分析解进行比较,为数值方法研究提供了理论基础,但是对于风荷载,由于其流场流动的复杂性,往往很难获得解析解。

1.4.2　现场实测

现场实测是指在结构物上安装测试仪器,在一定的时间段内采集自然风作用下结构的响应数据,分析数据得到风致响应结论。现场实测是最初期的风工程研究方法,也最为直接,测得的数据与实际相符,能进行风洞中无法开展的风致振动测试。实测数据为风洞试验、数值模拟提供初始条件的参考,且能对两者的结果进行科学的验证。但现场实测耗费的人力、物力和时间较多,受环境因素影响大,且不能随时改变试验参数,结果单一。

1.4.3　风洞试验

风洞试验是指在一个特制的管道系统内,利用动力装置产生气流,其风速、风向、紊流度等可以加以控制改变,使其接近于真实的自然风环境,用等比例缩小的模型模拟结构物,测试结构物在风作用下的响应。在忽略一些不必要的因素影响的情况下,风洞试验能够比较准确地模拟出实际大气的流动和对结构物的作用。并且,试验参数比较容易改变,可以方便学者们得出某个参数对试验的影响程度。风洞试验帮助人们积累了大量的数据,发展了风工程理论,解决了众多的实际工程问题。但风洞试验存在一定的缺点:由于风洞试验需要尽可能相似地模拟实际模型及实际气流环境,需要一定的成本;由于在风洞试验整个过程中,需要长期观察并记录相关数据,需要一定的时间;由于风洞试验将实际模型进行了一定比例的缩小,试验结果受到缩尺效应的影响。

1.4.4 数值风洞研究

（1）数值模拟

数值模拟是指首先利用计算机技术建立虚拟模型,结合有限元原理,对模型进行处理,经过数值计算方法,得出相关的数据及图形,最后对数据及图形进行处理分析并得出相关结论,为实际工程及各类问题提供参考。随着计算机技术的发展,数值模拟技术日渐成熟,近年来,越来越多的人利用理论上可以达到理想试验条件的 CFD 数值仿真方法结合风洞试验进行结构气动特性分析。CFD 离散涡方法是一种二维无网格算法,可用于二维数值模拟,由于无法使用湍流模型,不宜用于三维数值模拟[16]。Sun 等提出一种基于分块迭代耦合的CFD 方法,该方法成功用于圆柱体的三维绕流分析以及钝体的二维湍流数值模拟[17]。FLUENT 数值模拟软件被广泛应用到流体力学模型计算中,只是该方法在处理结构气动特性仿真中涉及的流体-固体耦合问题的准确性时稍有欠缺。CFD 数值模拟技术存在一定的缺点,如在计算上收敛性和精度有待改进,以及其他一些因素导致数值模拟结果与试验结果存在一定的差异,但数值模拟只对实际工程进行虚拟模拟,节省了一定的物力财力,且整个模拟过程周期较短。

（2）数值风洞

数值风洞是将风洞试验与数值模拟结合起来,利用计算机模拟技术进行虚拟的风洞试验,首先,对比实际工程模型,建立相似的数值模型,设置相关的空气流动系数,结合 CFD 计算流体力学原理,选择合适的数值算法,对模型进行风洞的模拟,获得相关的空气动力系数及相关图像,能让我们更加直观地观测到模型的风洞结构。与传统的风洞试验相比,数值风洞由于不需要利用相关材料制作实体模型并模拟实际空气流环境,因此,数值模拟成本较低,数值风洞计算周期较短且可以获得许多相关的图像信息及数据。对于需要模拟的各种实际工况,只需要在计算机中输入不同的相关系数,数值风洞更加方便便捷。随着计算机技术的发展,数值模拟将会慢慢克服自身理论缺陷趋于成熟,数值风洞将成为今后研究分析风工程的重要手段。

1.5 覆冰导线的驰振研究

1.5.1 覆冰机理

在寒冷冬天,暖湿空气与寒冷空气汇合,寒冷气流向下流动,暖湿空气向上流动,因为较高处空气的气温较低,其含有的水分开始不断凝结,当暖湿气流中的水汽上升到凝结高度或 0 ℃气温线以上的位置时,就会产生雪花或者形成覆冰的过冷却水滴。过冷却水滴与结构外表面碰触时容易在其上凝结,进而生成裹冰层,所以若空气中有许多过冷却水滴,就会出现雨凇、覆冰导线或者覆冰斜拉索等现象。如果空气中还具有尘埃颗粒,以此为媒介,比较大的过冷却水滴在下落的过程中就有可能变为冰粒落到地面上,而不会附着在输电线或者斜拉索上,因此不会对输电线路和斜拉索形成大的危害。而那些比较小的过冷却水滴,一方面因为其比较小的直径和外表面积,难以捕捉到人气中的尘埃颗粒,另一方面也由于其较大的曲率和表面张力,构成很难有所变化,因此,即使其温度很低,落到地面上仍能保持其原有的形态,也就是所说的"冻雨"。当过冷却水滴碰触到比较寒冷的结构时,因为其自身的不稳定性,又由于能量的加入,致使冰核形成,最终形成固态冰。另外,当过冷却水滴与输电线或者斜拉索碰撞以后,过冷却水滴发生了形状改变,其自身特性发生改变,便形成了覆冰输电线或者覆冰斜拉索[18]。研究表明,覆冰是在低温条件下,保证空气的相对湿度达到80%以上,且风速达到 1 m/s,由冷暖空气对流附着在表面温度低于 0 ℃物体上形成的一种物理现象。由于冬季华中地区空气湿度大,极可能会出现雨雪边降边冻的现象,导线极易受覆冰灾害的影响,输电线、通信电缆和列车电缆严重结冰情况见图 1-2。

覆冰一般可分为雨凇和雾凇两大类,雨凇和雾凇的形成条件及性质存在较大的差异。雨凇是一种坚硬且黏结力极强的覆冰,是由冷暖空气对流形成的过冷却水滴,在风的作用下,与表面温度低于 0 ℃的导线接触形成的覆冰现象。

图 1-2　输电线、通信电缆和列车电缆严重结冰

雾凇又分为软雾凇和硬雾凇,软雾凇是指大气中的过饱和水滴与导线相碰,产生的一种升华或结晶的现象,软雾凇黏结力不强。硬雾凇是一种黏结力很强的覆冰,由多种物质混合而成,由空气和物体之间的温差形成,硬雾凇是指当空气骤然变暖时,空气中大而重的物质无法一下子变暖,当温度处于 0 ℃ 以下时,会附着在物体表面,形成覆冰。

　　导线覆冰机理[19]通常分为三类,分别为热力学平衡机理,流体力学机理,电流、电场耦合作用机理。①导线覆冰的热力学平衡机理,认为导线覆冰过程是一个热量传递与交换的过程,与导线表面的热平衡状态有关。经过冰晶层、暖气层与冷气层的过冷却水滴与表面温度低于 0 ℃ 的导线接触,释放内部热量固结成冰。覆冰的厚度、密度等物理性质都与导线表面的热平衡状态有关。②导线覆冰的流体力学机理,从流体力学方面考虑,认为覆冰过程是一个摩擦碰撞过程,空气中的过冷却水滴碰撞导线表面,摩擦产生覆冰,此机理认为覆冰取决于过冷却水滴直径大小、空气温湿度、导线直径、表面状态和风速风向等。③环境因素与电流、电场耦合作用机理,此机理认为覆冰不仅与环境因素有关,还应考虑导线产生的电流与电场强度的影响,因为电流及电场强度均会对导线表面的热平衡状态产生影响,间接影响导线表面覆冰的状态。

1.5.2 覆冰分类

覆冰与地形存在极大的关系,众所周知,海拔越高温度越低,也越容易形成覆冰。高海拔地区形成的覆冰一般为雾凇覆冰,覆冰较厚,丘陵、迎风山坡、山腰、山顶等处,较易形成雾凇覆冰;而对于低海拔地区,一般为雨凇及硬雾凇,覆冰量较少。但无论是高海拔地区覆冰还是低海拔地区覆冰,都需要满足空气水分充足、环境温度较低和一定的风速风向等条件。

由导线覆冰机理可知,导线覆冰受到多种因素的影响,覆冰在导线的迎风面形成,最终形状与当地的气候条件、地形,导线本身刚度、直径等特性有关。由于导线覆冰受多种因素的影响导致导线覆冰冰型多种多样,国内外研究归纳得出,导线覆冰冰型大致可分为新月形、薄膜形、扇形、D形和椭圆形等[20],见图1-3。输电线产生圆形或者椭圆形覆冰层需要的条件是:风与输电线相互平行或者因为输电线的大幅度扭转,致使输电线的各个面的覆冰层厚度相差不大,整个输电线被附上冰层;而产生翼型覆冰所需的条件是:当风和输电线轴向之间的夹角比较大,或者风与输电线轴向差不多垂直时,覆冰层在输电线的迎风面上逐渐累积,生成翼型覆冰形状。当然,造成输电线结冰的原因有很多,致使输电线覆冰层形成较多不同的覆冰形态。

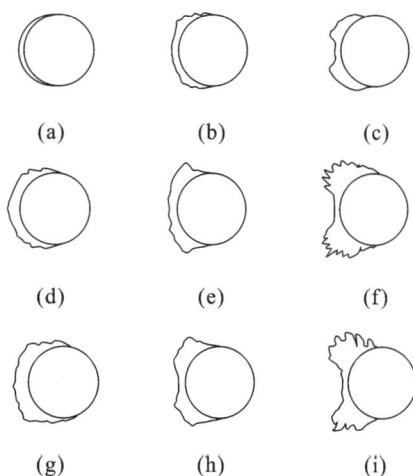

图 1-3 导线的各种覆冰冰型

由于覆冰层的不规则性,很多形态的覆冰输电线会在特定风攻角下发生驰振。研究者的观点有:①若输电线不发生扭转,覆冰一般都在输电线的上部或者迎风面;②在某些暴风中,若风的方向发生倒转,根据 Den Hartog 驰振条件,各种类型的覆冰形态均有发生驰振的可能性,在一项调查中,发现大约有20%的驰振振动产生在背风侧覆冰处[21]。以下是几种覆冰冰型现有的研究状况。

(1)薄膜形覆冰

在海拔较低的区域,导线形成的覆冰较薄,薄膜形覆冰的覆冰厚度一般在6 mm 及 6 mm 以下,且研究表明,许多导线覆冰驰振事故,导线覆冰厚度在

1~2 mm之间。经过试验研究发现,薄膜覆冰导线与其他覆冰类型导线表现的气动力特性存在较大差异,薄膜覆冰导线在 0°风向角区域,与其他类型覆冰导线相比,升力系数负斜率绝对值较大,更易于发生驰振现象,但薄膜覆冰导线只在较小的风向角区域内发生驰振[21]。

（2）新月形覆冰（湿雪三角棱形覆冰）

一般而言,新月形覆冰分为两类,圆滑的新月形与带冰凌的新月形。一般在气温较低（-13~-5 ℃）、雨量较小且风速较低的情况下,形成圆滑的新月形。当气温较高（-3~-1 ℃）、雨量较大且风速也较大的情况下,在新月形覆冰的下侧易形成悬挂的冰凌,称为带冰凌的新月形[22-23]。新月形覆冰厚度一般为导线直径的 0.5~1.0 倍,且驰振不稳定区域在 40°、60°附近及 180°左右。

（3）D 形覆冰

新月形覆冰属于过冷却水滴与导线一接触就凝固的情况,当在气温较高,雨量较大且风速也较大的情况下,过冷却水滴与导线并不能一接触就凝固,由于水滴的流动及风的作用,使得在原来覆冰的基础上产生角状覆冰,称为 D 形覆冰。根据覆冰厚度及冰角特点将 D 形覆冰分为两类:一类是冰厚较小,中心区域有光滑段且冰角形状不明显的 D 形覆冰;另一类是覆冰较厚,无明显的光滑区,冰角形状明显的 D 形覆冰。由于 D 形覆冰形状容易满足 Den Hartog 的驰振不稳定条件,在很宽的风攻角范围内均有可能产生驰振振动,因此 D 形覆冰形状通常是风洞试验中较多选用的覆冰形态。图 1-4 是 Holger Koss 在风洞试验中进行的圆柱覆冰试验照片,测试试验时间为 30 min 时 89 mm 圆柱的覆冰状况[24]。

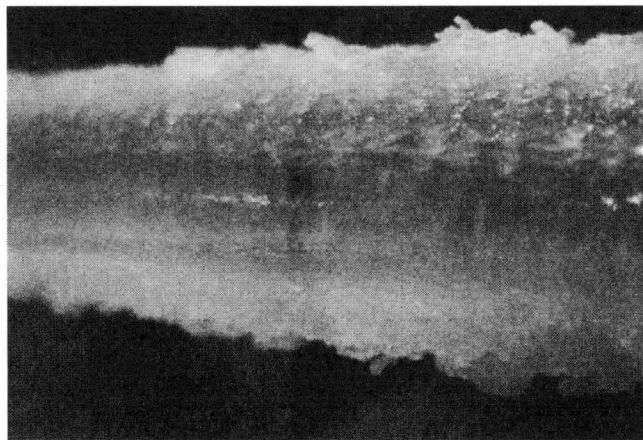

图 1-4　Holger Koss 进行的圆柱覆冰试验情况

（4）扇形覆冰

扇形覆冰是在强风条件下形成的一类导线覆冰类型，跟 D 形覆冰情况类似，在雨量充足、风速较大的情况下，过冷却水滴受风速及自身流动的影响，而形成带尖锐棱角边的扇形。扇形覆冰导线的气动力特性与新月形覆冰导线存在较大的不同，因为这些棱角边会使气流分离。

1.5.3 覆冰导线研究进展

2008 年南方发生雪灾，湖南、湖北、贵州等多个省份的导线线路均出现覆冰舞动，进而造成极大的经济损失，加之现在大跨度高压导线的大量建设，导线的直径越做越大，以及分裂导线的应用等原因，导致导线线路更容易发生驰振振动[25-27]。

近几年，国内外研究覆冰导线的学者较多。李万平等对覆冰导线的气动力特性进行风洞试验研究并进行了分析，其试验研究表明：覆冰导线所处的风速以及其截面形状成为影响其气动力特性的主要因素[28-30]。姚育成等对不同覆冰层厚度的导线进行数值模拟，并分析了其气动力响应，根据数值分析得出了 Den Hartog 系数[31-32]。滕二甫等运用 FLUENT 数值模拟软件，分析了风速、覆冰厚度对导线气动力参数的影响，获得驰振力系数，进而分析新月形覆冰导线驰振稳定性[93 34]。Braun 等对双分裂、三分裂以及六分裂导线的绕流场进行了模拟和研究[35]。马文勇等通过试验获得了不同紊流度下的扇形形状薄覆冰导线的气动力参数[36]。黄河利用数值计算模拟分析了覆冰厚度以及风向角对覆冰导线气动力的影响，并与风洞试验进行对比，验证数值模拟方法的正确性[37]。刘小会对覆冰四分裂导线的气动力响应进行试验研究，对试验数据和数值分析数据进行比较，证明了数值分析的正确性[38]，其试验见图 1-5。到目前为止，学者对覆冰导线的驰振稳定性有了一定的研究，但对覆冰斜拉索的驰振稳定性研究则很少。

1.6 覆冰斜拉索的驰振研究

1.6.1 覆冰斜拉索驰振研究现状

近年来，由于斜拉桥跨度的增加，越来越多的学者开始对斜拉桥的气动力

图 1-5 四分裂导线测力试验和气弹试验

特性进行研究,顾明等进行了斜拉索模型的风洞试验,获得了某些斜向角的斜拉索模型在不同风攻角下的气动力参数[39]。朱乐东等对斜向风速下青马大桥主梁的二分力参数进行了风洞试验,分别计算了横桥向和顺桥向的风荷载[40-41]。湖南大学的温晓光等利用 FLUENT 软件对斜向干索的驰振机理进行了数值模拟和研究[8]。国外学者对无覆冰层斜拉索驰振也进行了大量的风洞试验研究[42-44]。某斜拉索的风洞试验见图 1-6。

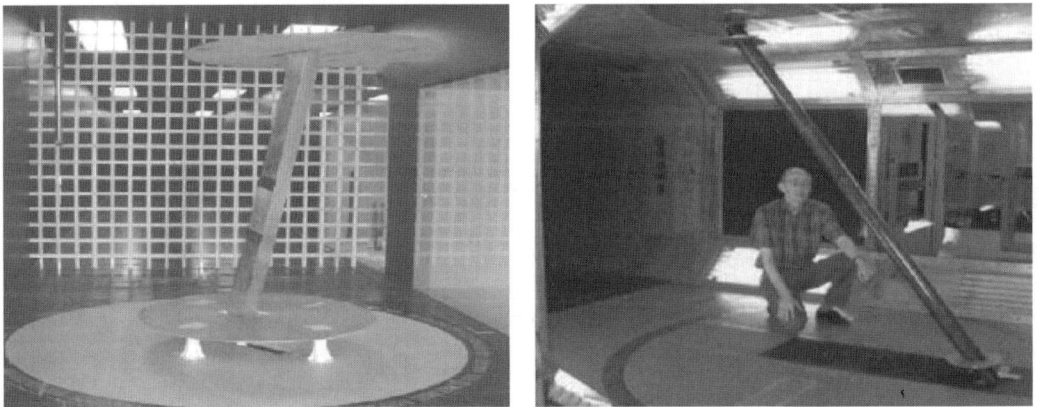

图 1-6 某斜拉索的风洞试验

现在对斜拉索的气动力特性有了一些试验研究和分析,但是对覆冰斜拉索的研究比较少,Demartino 等利用风洞试验对覆冰斜拉索的气动稳定性进行了分析[45]。黄贻凤等利用数值风洞试验研究不同覆冰类型及覆冰厚度对覆冰斜拉索驰振特性的影响[46]。楼文娟等对 4 种不同覆冰厚度新月形断面的覆冰导线进行了气动力特性风洞试验[47]。李寿英等对覆冰斜拉索的平均阻力系数和平均升力系数进行了风洞试验研究和二维数值模拟,得出在覆冰情况下斜拉索具有发生驰振的可能性[48]。

1.6.2　覆冰斜拉索尾流驰振研究现状

对于尾流驰振问题,国内外进行了大量的研究,最先开始于理想双圆柱的尾流驰振研究。Zdravkovich 与 Pridden 通过理论研究认为固定圆柱模型间气流的流动形态与距离有关[49]。Kitagawa T 与 Ohta H 运用数值计算对圆柱模型间的气流形态展开研究,讨论不同距离条件下通过上游圆柱的气流对下游圆柱的动力影响[50]。Maeda 等利用风洞试验对 $L/D=1.0\sim1.5$ 刚性连接的并列圆柱的气动特性进行了研究(其中 L 为两柱圆心距,D 为圆柱直径)[51];Williams 等通过试验对相距较近的并列圆柱展开研究,认为诱发驰振的区域为 $L/D=1.1\sim3.8$ 的区域[52]。杜晓庆等通过风洞试验研究间距为 $4D$ 的串列和错列双圆柱下游圆柱在 $0°\sim20°$ 风攻角下发生尾流激振的特性[53]。

近年来,国内外学者开始对斜拉桥并列斜拉索的尾流驰振展开研究。Tanaka 就两索之间的距离对斜拉索尾流驰振的影响进行研究,得出在两索间距较近和较远的情况下,均有可能发生尾流驰振现象,并将斜拉索的尾流驰振区划分为近距失稳区、稳定区及远距失稳区[54]。李永乐等人利用三维风洞试验装置,对斜拉桥并列斜拉索尾流驰振中远距失稳问题进行研究,分析斜拉索之间的距离以及来流风向角等对下游索尾流驰振稳定性的影响[55]。吴其林等运用基于能量方法的风洞试验研究了近距失稳区并列斜拉索尾流驰振性能[56]。马如进等通过数值模拟研究了中间索面斜拉桥并列斜拉索在不同风攻角时上游索对下游索三分力系数的影响[57]。某双索尾流驰振气弹试验见图 1-7。

图 1-7　某双索尾流驰振气弹试验

1.6.3 覆冰斜拉索与覆冰导线的区别

现阶段对覆冰导线已有了一定的研究,但是覆冰斜拉索与覆冰导线之间差别很大。一般而言,导线为水平架空布置,但桥梁斜拉索一般为一端固定在桥塔上,一端固定在桥面上,与水平桥面存在一个倾角。因此,对导线来说,风攻角范围很小,但是对于桥梁斜拉索而言,可以为 $0°\sim360°$ 全攻角。另外,斜拉索的直径、材料、表面温度以及受力都与导线有着很大的差异,因此,覆冰斜拉索的驰振力特性会与覆冰导线存在较大差异。但可以吸取覆冰导线的研究经验,展开对覆冰斜拉索的驰振研究。

参 考 文 献

[1] 马建,孙守增,杨琦,等.中国桥梁工程学术研究综述[J].中国公路学报,2014,27(5):2-3.

[2] 埃米尔·希缪,等.风对结构的作用——风工程导论[M].刘尚培,等译.上海:同济大学出版社,1992:45-49.

[3] 郝浩.桥梁结构的驰振现象及其控制[D].西安:长安大学,2010.

[4] 李国豪.桥梁结构的稳定与振动[M].北京:中国铁道出版社,1992.

[5] YAMAGUCHI H, FUJINO Y. Stayed cable dynamics and its vibration control [J]. Bridge Aerodynamic,1998,V11(3):235-253.

[6] HIKAMI Y,SHIRAISH N. Rain-wind induced vibration of cables in cable stayed bridges [J]. Journal of Wind Engineering and Industrial Aerodynamics,1998(29):409-418.

[7] 李暾.拉索风雨激振理论模型研究及其振动特性分析[D].长沙:湖南大学,2013.

[8] 温晓光.斜拉索干索驰振的机理研究[D].长沙:湖南大学,2013.

[9] DEN HARTOG J P. Transmission line vibration due to sleet[J]. Transactions of the American Institute of Electrical Engineers,1932,51:1074-1077.

[10] DEN HARTOG J P. Mechanical Vibrations [M]. New York:McGraw Hill,1956:48.

[11] NIGOL O,BUCHAN P G. Conductor galloping—Part II:Torsion mechanism [J]. Iced Transactions on Power Apparatus and Systems,1981,100(2):708-720.

[12] NIGOL O,BUCHAN P G. Conductor galloping—PartI:Torsion mechanism [J]. Iced Transactions on Power Apparatus and Systems,1981,100(2):8.

[13] YU P,SHAH A H,POPPLEWELL N. Inertia coupled galloping of iced conductors [J]. Journal of Applied Mechanics—Transactions of the ASME,1992,59(1):5.

[14] YU P,POPPLEWELL N,SHAH A H. Instability trends of inertia coupled galloping [J]. Journal of Sound and Vibration,1995,183(4):12.

[15] 马文勇,顾明,全涌,等.覆冰导线任意方向驰振稳定性分析方法[J].同济大学学报,2008,38(1):

130-134.

[16] 周志勇,陈艾荣,项海帆.涡方法用于桥梁断面气动导数和颤振临界风速的数值计算[J].振动工程学报,2002,15(3):327-331.

[17] SUN D,OWEN J S,WRIGHT N G. Application of the $\kappa\text{-}\omega$ turbulence model for a wind－induced vibration study of 2D bluff bodies [J]. Journal of Wind Engineering and Industrial Aerodynamics,2009,97(2):77-87.

[18] 蒙金有.固原地区输电线路覆冰及其事故防治技术研究[D].重庆:重庆大学,2006,8-21.

[19] 刘春城,刘佼.输电线路导线覆冰机理及雨凇覆冰模型[J].高电压技术,2011,37(1):2-3.

[20] 王侠,晏致涛.覆冰导线空气动力特性风洞试验及数值模拟[D].重庆:重庆大学,2012.

[21] LILIEN J L, et al. State of the art of conductor galloping[M]. A Complementary Document to "Transmission Line Reference Book-Wind-Induced Conductor Motion Chapter 4: Conductor Galloping"Based on EPRI Research Project 792,2005.

[22] 汤文斌.模拟大气环境下铁路接触网覆冰融冰实验研究[D].长沙:长沙理工大学,2009,4-6.

[23] 张岩,屼志祥,张国彦.达坂山导线覆冰与气象条件的关系[J].青海电力,2005,24(1):33-36.

[24] HOLGER KOSS. Ice accretion on circular cylinders[D]. Technical University of Denmark,2009,25-50.

[25] 黄经亚.架空送电线路导线舞动的分析研究[J].中国电力,1995(2):21-26.

[26] 卢明良,尤传永.架空输电线路分裂导线舞动的非线性分析[J].电力建设,1994,15(13):26-31.

[27] 张明升.架空输电线路单导线舞动与分裂导线舞动的异同[J].河北电力技术,1990,1:29-33.

[28] 李万平,杨新祥,张立志.覆冰导线群的静气动力特性[J].空气动力学学报,1995,13(4):427-433.

[29] 李万平.覆冰导线群的动态气动力特性[J].空气动力学学报,2000,18(4):414-420.

[30] 李万平,黄河,何锃.特大覆冰导线气动特性测试[J].华中科技大学学报,2001,29(8):84-86.

[31] 姚育成,李万平,李良军.高雷诺数下钝体绕流的数值模拟[J].华中科技大学学报,2003,21(2):106-108.

[32] 姚育成.高雷诺数下覆冰导线气动力特性的数值模拟[D].武汉:华中科技大学,2003,40-51.

[33] 滕二甫.新月形覆冰导线横风向驰振气动力参数的数值模拟[D].哈尔滨:哈尔滨工业大学,2007.

[34] 滕二甫,段忠东,张秀华.新月形覆冰导线气动力特性的数值模拟[J].低温建筑技术,2008,1:86-88.

[35] BRAUN A L,AWRUCH A M. Aerodynamic and aeroelastic analysis of bundled cables by numerical simulation [J]. Journal of Sound and Vibration,2005:51-73.

[36] 马文勇,顾明.扇形覆冰导线气动力特性及驰振不稳定性研究[J].振动与冲击,2012(11):82-85.

[37] 黄河.覆冰导线气动力特性的数值模拟[D].武汉:华中科技大学,2001:43-52.

[38] 刘小会.覆冰导线舞动非线性数值模拟方法及风洞模型试验[D].重庆:重庆大学,2011.

[39] 顾明,杜晓庆.不同风向角下斜拉桥拉索模型测压试验研究[J].振动与冲击,2005,24(6):5-9.

[40] ZHU L D,XU Y L,ZHNAG F,et a1. Tsing Ma Bridge deck under skew winds—Part I:Aerodynamic coefficients [J]. Journal of Wind Engineering and Industrial Aerodynamics,2002,90(7):781-805.

[41] ZHU L D,XU Y L,ZHNAG F,et a1. Tsing Ma Bridge deck under skew winds—Part Ⅱ:Flutter derivatives [J]. Journal of Wind Engineering and Industrial Aerodynamics,2002,90(7):807-837.

［42］ CHENG S,LAROSE G L,SAVAGE M G,et al. Experimental study on the wind-induced vibration of a dry inclined cable—Part I: Phenomena［J］. Journal of Wind Engineering and Industrial Aerodynamics,2008,96(12):2231-2253.

［43］ PICCARDO G,CARASSALE L,FREDA A. Critical conditions of **galloping** for inclined square cylinders[J]. Journal of Wind Engineering and Industrial Aerodynamics,2011,99(6):748-756.

［44］ MATSUMOTO M,YAGI T,HATSUDA H,et al. Dry galloping characteristics and its mechanism of inclined yawed cables. Journal of Wind Engineering and Industrial Aerodynamics, 2010, 98 (6): 317-327.

［45］ DEMARTINO C,RICCIARDELLI F. Aerodynamic stability of ice-accreted bridge cables ［J］. Journal of Fluids and Structures,2015,52:81-100.

［46］ 黄贻凤,王晓明. 覆冰拉索气动特性的数值分析[J].公路,2016,61(2):70-72.

［47］ 楼文娟,林巍,黄铭枫,等.不同厚度新月形覆冰对导线气动力特性的影响[J].空气动力学学报,2013 (3):616-622.

［48］ 李寿英,黄韬,叶继红.覆冰斜拉索气动力的试验与数值研究[J].湖南大学学报,2012,39(8):1-6.

［49］ ZDRAVKOVICH M M,PRIDDEN D L. Interference between two circular cylinders: series of unexpected discontinuities ［J］. Journal of Wind Engineering and Industrial Aerodynamics,1977,2: 255-270.

［50］ KITAGAWA T,OHTA H. Numerical investigation on flow around circular cylinders in tandem arrangement at a subcritical reynolds number ［J］. Journal of Fluids and Structure,2007,28:232-246.

［51］ MAEDA H,KUBO Y,KATO K,et al. Aerodynamic characteristics of closely and rigidly connected cables for cables-stayed bridges ［J］. Journal of Wind Engineering and Industrial Aerodynamics,1997, 69-71:263-278.

［52］ WILLIAMS R G,SUARIS W. An analytical approach to wake interference effects on circular cylindrical structures ［J］. Journal of Sound and Vibration,2006,295(1/2):266-281.

［53］ 杜晓庆,蒋本建,代钦,等.大跨度缆索承重桥并列索尾流激振研究[J].振动工程学报,2016,29(5): 842-850.

［54］ TANAKA H. Aerodynamics of cables ［C］. Fifth International Symposium on Cable Dynamics,Italy, 2003:11-21.

［55］ 李永乐,王涛,廖海黎.斜拉桥并列斜拉索尾流驰振风洞试验研究[J].工程力学,2010,27(1): 216-221.

［56］ 吴其林,华旭刚,胡腾飞.基于能量方法的拉索尾流驰振风洞试验研究[J].振动与冲击,2017,36(4): 218-225.

［57］ 马如进,倪美娟.中间索面斜拉桥并列拉索尾流驰振数值研究[J].振动与冲击,2013,32(10):92-94.

2 CFD 数值模拟基本理论

2.1 CFD 概述

CFD(Computational Fluid Dynamics)是综合流体力学、数值数学和电子计算机科学的一门边缘学科,全称计算机流体力学,是通过应用离散化方法,基于物理定理,对传热、动量传递、燃烧、多相流等进行研究的重要手段。基本思路是将连续场按照一定的规则分割形成有限个离散点,以这些离散点上的因变量作为未知数,建立离散变量的方程组,求解变量值得出最终的近似解。CFD 能够在短时间内分析物理现象,预测其未来一段时间内的性能,帮助工程人员找到最佳设计方案。

2.2 CFD 数值模拟的优缺点

CFD 数值模拟的优点有:①有比较强的适应能力,适用于分析各种流动和传导问题;②流动问题影响因素众多,计算域复杂多变,CFD 数值模拟可以在较短时间内得到满足要求的近似解;③不受场地和季节限制,不用制作试验模型,减少了大量的人力和物力投入,能够得出每个自变量对最后结果的作用效果。

CFD 数值模拟也存在一些缺点:①需要试验提供初始的参数,模拟结果需要试验数据的验证;②可以精确求解简单流场问题,对于复杂的问题,需要选择最恰当的湍流模型和求解方法,否则会产生极大的偏差;③求解过程与个人的理论分析能力、软件应用和编程能力有很大的关系。

2.3 CFD 求解问题流程

(1)建立控制方程

建立控制方程是求解问题的首要步骤,对于普通的问题,可直接写出,比较简单。

（2）确立初始条件和边界条件

瞬态问题则需要给定问题的初始条件，而稳态问题没有必要给出，但是对于任何问题都必须给出边界条件。

（3）划分网格

CFD专用的网格划分工具一般有 Gambit 和 ICEM CFD，相比 Gambit，ICEM CFD 具有明显优势，如 O 网格、Y 网格、非结构化网格划分等功能，效率高，应用较多，目前 CFD 网格有结构化网格和非结构化网格。

（4）建立离散方程组

由于处理问题的复杂性，对于所建立的偏微分方程，很难获得真解，需要把网格节点或网格中心点上的因变量处理成基本未知量，建立一组代数方程组，通过求解方程组获得的节点值来确定其他值，其方法包括了有限差分法、有限元法、有限元体积法等。

（5）确立离散初始条件和边界条件

CFD 模拟软件是在前处理阶段，通过应用 ICEM CFD 划分完网格后，先在特定的边界上设置初始条件和边界条件，再按离散方法将初始条件和边界条件分配到各个节点上。

（6）求解离散方程组

对于不同类型的问题，CFD 软件提供不同的解法，通过以上步骤的设置后，计算机便生成了特定的代数方程组和相应的数学解法。在求解过程中通过调试和分析，获得收敛的有效解。

（7）显示和输出计算结果

此步是为了观察和分析数值模拟计算结果，其途径主要有 FLUENT 后处理、CFD-Post 后处理器、Orange 和 Tecplot 软件，Tecplot 是 Amtec 公司推出的功能强大的绘图软件，提供了多种绘图格式，软件简单易学。

CFD 软件有三个基本环节：前处理、计算和生成数据、后处理。前处理即采用 ICEM CFD 进行模拟和流域模型拓扑，然后划分网格，把 ICEM CFD 划分的网格文件导入 FLUENT 中进行模拟计算，生成数据，在后处理软件 Tecplot 及 Orange 中把数据处理成图表形式，当然，在数据处理时也会用到 MATLAB 等软件。CFD 工作流程图见图 2-1。

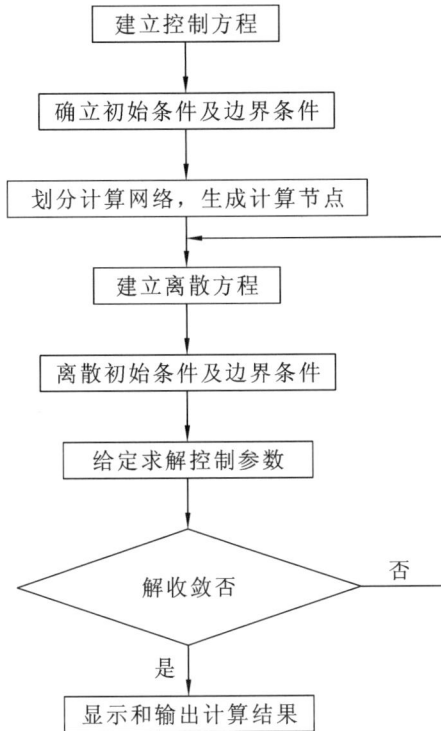

图 2-1 CFD 工作流程图

2.4 CFD 控制方程

2.4.1 质量守恒方程

连续介质理论认为,质量在空间中不存在空隙,呈连续分布状态。质量守恒定律即流域内的质量变化等于流入流域的质量与流出流域的质量差,方程如下:

$$\frac{\partial}{\partial t}\iiint_V \rho \,\mathrm{d}x\mathrm{d}y\mathrm{d}z + \iint_A \rho(u,v,w)\mathrm{d}A = 0 \qquad (2\text{-}1)$$

式中:V 是控制体,A 是控制面,u、v、w 分别是直角坐标系中 x、y、z 方向的速度分量,t 是时间,ρ 是密度。

由奥高转换公式,将式(2-1)转换为微分形式:

$$\frac{\partial \rho}{\partial t} + \frac{\partial(\rho u)}{\partial x} + \frac{\partial(\rho v)}{\partial y} + \frac{\partial(\rho w)}{\partial z} = 0 \qquad (2\text{-}2)$$

特殊情况的连续方程为:

对于定常态流动,由$\dfrac{\partial \rho}{\partial t}=0$,式(2-2)变为

$$\frac{\partial(\rho u)}{\partial x}+\frac{\partial(\rho v)}{\partial y}+\frac{\partial(\rho w)}{\partial z}=0 \tag{2-3}$$

对于不可压缩均质流体,式(2-2)可以写成

$$\frac{\partial u}{\partial x}+\frac{\partial v}{\partial y}+\frac{\partial w}{\partial z}=0 \tag{2-4}$$

2.4.2 动量守恒方程

由动量守恒定理,控制体中流体动量的变化率与作用在控制体表面上的质量力和应力之和相等,其连续方程如下:

$$\rho\left(\frac{\partial u}{\partial t}+u\frac{\partial u}{\partial x}+v\frac{\partial u}{\partial y}+w\frac{\partial u}{\partial z}\right)=\rho F_x+\frac{\partial P_{xx}}{\partial x}+\frac{\partial P_{xy}}{\partial y}+\frac{\partial P_{xz}}{\partial z} \tag{2-5}$$

$$\rho\left(\frac{\partial v}{\partial t}+u\frac{\partial v}{\partial x}+v\frac{\partial v}{\partial y}+w\frac{\partial v}{\partial z}\right)=\rho F_y+\frac{\partial P_{yx}}{\partial x}+\frac{\partial P_{yy}}{\partial y}+\frac{\partial P_{yz}}{\partial z} \tag{2-6}$$

$$\rho\left(\frac{\partial w}{\partial t}+u\frac{\partial w}{\partial x}+v\frac{\partial w}{\partial y}+w\frac{\partial w}{\partial z}\right)=\rho F_z+\frac{\partial P_{zx}}{\partial x}+\frac{\partial P_{zy}}{\partial y}+\frac{\partial P_{zz}}{\partial z} \tag{2-7}$$

式中:F_x、F_y、F_z为外力的合力分别在x、y、z三个方向上的分量,u、v、w为流体速度分别在x、y、z方向上的分量,P_{ij}为应力张量的分量。

此方程表示的是黏性流体运动方程,但是它适用于所有黏性流体和运动状态。

2.4.3 能量守恒方程

能量守恒定律可以描述为:微元体内流体的动能以及内能的变换率,与单位时间内微元体吸收的热量加上单位时间内力对微元体所做的功的总和是相等的。其方程为:

$$\frac{\partial(\rho T)}{\partial t}+\nabla\cdot[\rho\cdot(u,v,w)\cdot T]=\frac{K}{C_p}\Delta(T)+S_T \tag{2-8}$$

由于本书中研究的是空气绕流问题,其需要求解的是非稳态不可压缩流体问题,故不考虑能量守恒方程。

3 三维新月形覆冰直索数值模拟

3.1 概述

斜拉索偏心覆冰后,气动外形不再稳定,在风的作用下,可能诱发驰振。大幅的驰振将威胁到斜拉索结构的安全,因此,有必要对覆冰斜拉索的驰振稳定性进行深入的研究。近年来,很多专家对圆柱绕流进行了较多系统的研究,特别是在数值模拟分析方面。圆柱绕流是实际工程中一种常见的物理现象,比如圆柱桥墩、输电线等的绕流。在研究中,人们主要针对来流方向与圆柱轴向垂直的情况,而斜拉索虽然为长细圆柱体,但本书考虑了斜拉索覆冰情况以及覆冰斜拉索的斜向角度,其动力特性与圆柱绕流有很大差别,并且覆冰导线驰振也不同于覆冰斜拉索驰振。Demartino 等利用风洞试验研究了桥梁斜拉索覆冰的不同类型,分析了覆冰对斜拉索气动参数的影响和覆冰斜拉索的驰振稳定性[1-2],并且现阶段对覆冰斜拉索数值模拟研究仅处于二维模拟阶段,而 Kravchenko 研究表明:当 $Re_D>250$ 时,二维模拟计算的气动参数会出现错误值,三维模拟计算对正确预测流动特性是有必要的[3]。为验证三维覆冰斜拉索模拟的精确性,应用 FLUENT 软件对三维新月形覆冰直索的绕流场进行数值模拟,得到全攻角下的阻力系数、升力系数及驰振力系数,依此判定覆冰直索是否发生驰振,得到某大跨斜拉桥部分斜拉索的驰振临界风速,并与二维和风洞试验数据[4]进行比较,证明计算流体力学(CFD)可以成为替代风洞试验研究驰振的一种高效手段,也为进一步的覆冰斜拉索风致振动研究提供了数据。

3.1.1 气动力参数

气动力参数即升力系数和阻力系数,其主要与斜拉索截面形状、风攻角以及风速等有关,其动力参数采用如下定义:

$$C_L = 2F_L/(\rho U^2 LB) \tag{3-1}$$

$$C_D = 2F_D/(\rho U^2 LB) \tag{3-2}$$

式中：F_L为斜拉索模型的升力，其方向为来流速度方向沿逆时针转动$90°$；F_D为斜拉索模型的阻力，其方向沿来流速度方向；ρ为空气密度，取$1.225\ \text{kg/m}^3$；U为流域进口来流风速；B为斜拉索模型截面特征长度；L为斜拉索模型展向长度；C_L、C_D分别为升力系数和阻力系数，由数值模拟计算获得。

3.1.2 风致斜拉索横向驰振原理

偏心覆冰斜拉索在风的激励下，在其上产生升力，诱发驰振。驰振与振动系统的稳定性有关，阻尼项的正负决定了一个振动系统的稳定性[5]。要研究覆冰斜拉索振动系统的稳定性，必须分析其气动力特性，因为依据 Den Hartog 驰振理论，当气动力为负阻尼时结构才发生失稳，即驰振发生的描述为：

$$\partial C_L/\partial\alpha + C_D < 0 \tag{3-3}$$

式中：左侧$\partial C_L/\partial\alpha + C_D$为驰振力系数，$\alpha$为偏心覆冰斜拉索迎风攻角。

3.1.3 临界风速计算方法

本书中运用龙格-库塔法对覆冰斜拉索一阶模态运动微分方程进行求解，来确定覆冰斜拉索的驰振临界风速。

计算的基本假定：①仅考虑覆冰斜拉索某一阶模态引起的驰振；②覆冰斜拉索模型全索覆冰冰型相同；③忽略斜拉索展向空气流动的影响；④根据 Den Hartog 驰振原理，只考虑横风向驰振，不考虑其他方向的振动。其计算振子模型如图 3-1 所示，根据准定常假设，其运动微分方程为：

$$m(\ddot{y} + 2\xi\omega\dot{y} + \omega^2 y) = -\frac{1}{2}\rho v^2 B \cdot [C_D(\alpha + \alpha_r)\sin\alpha_r + C_L(\alpha + \alpha_y)\cos\alpha_r] \tag{3-4}$$

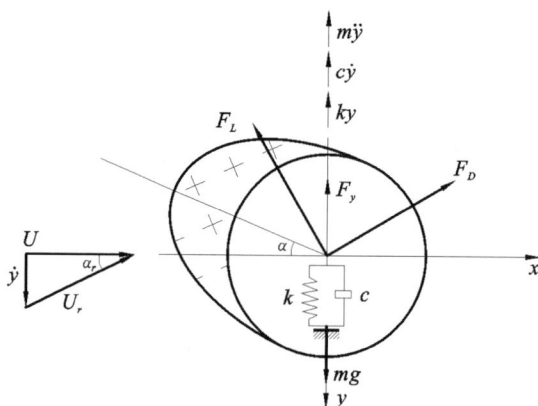

图 3-1 单自由度驰振模型

式中:m 为振子模型的质量;y 为斜拉索竖向位移,$\dot{y}$ 为斜拉索速度,$\ddot{y}$ 为斜拉索加速度;ω 为结构振动圆频率;ξ 为阻尼比;α_y 为振子 y 向振动引起的风攻角变化:

$$\alpha_y = \arctan \frac{\dot{y}}{u} \tag{3-5}$$

当气动阻尼与结构阻尼之和等于零时为驰振发生的临界状态,则可得驰振临界风速的理论公式为[6]:

$$U_{cr} = -\frac{4m\omega\xi}{\rho B} \frac{1}{C'_L + C_D} \tag{3-6}$$

式中:m 为振子质量;ω 为结构振动圆频率;ξ 为阻尼比。

由于斜拉索的一阶模态频率最小,相应驰振临界风速最小,因此,应计算斜拉索一阶模态相对应的驰振临界风速。采用龙格-库塔法可获得斜拉索的振动响应,即第一阶模态驰振临界风速可由下式得到[7]:

$$U_{cr,1} = -\frac{\pi m_1 \omega_1 \xi_1}{\rho B} \frac{1}{C'_L + C_D} \tag{3-7}$$

式中:m_1 为单位长度斜拉索质量;ω_1 为斜拉索一阶模态圆频率,$\omega_1 = 2\pi f_1$;f_1 为斜拉索一阶模态频率;ξ_1 为斜拉索一阶模态的阻尼比。

3.2　二维新月形覆冰直索模型建立与数值模拟方法

3.2.1　模型的建立

等截面覆冰直索选取新月形典型冰型,拉索直径为 120 mm,覆冰厚度为 50 mm,根据 Kravchenko 和 Moin 等[3]学者数值模拟的结果表明:当长细结构的长度方向大于 π 倍直径时,流场的三维流动特性才可以得到充分发展,长细结构绕流场的三维流动特性才可以展现出来,因此拉索模型长度选为 900 mm,其模型外形尺寸见图 3-2。计算流域采用矩形区域,计算区域的大小为3.4 m×5.1 m,拉索的中心放置于原点处,距离上游流体入口为 1.7 m,距离下游流体出口为 3.4 m,距离左右流域壁面均为 1.7 m,详见图 3-3,图中 X 轴正方向为速度来流方向,来流方向逆时针转动 90°为 Y 轴正方向,Z 轴为拉索的长度方向。

用 Pro/E 软件建立覆冰拉索模型和计算流域后,把结果导入 ANSYS

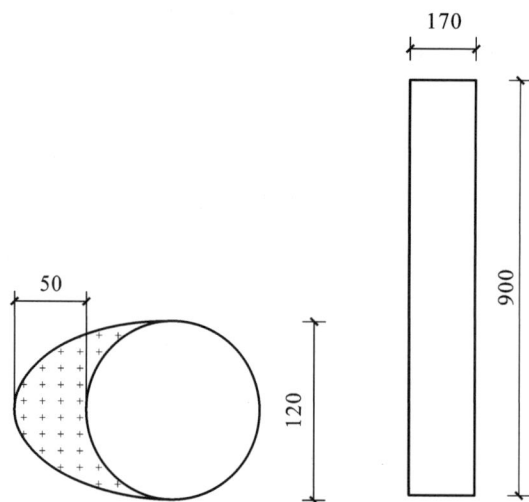

图 3-2　三维新月形覆冰直索模型示意图(单位:mm)

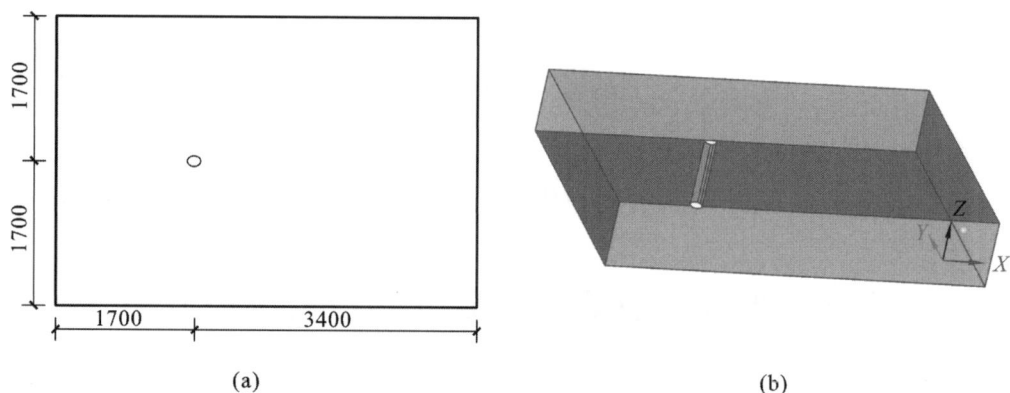

(a)　　　　　　　　　　　　　　　　(b)

图 3-3　三维新月形覆冰直索计算区域尺寸及坐标(单位:mm)

(a)区域尺寸;(b)区域坐标

ICEM CFD 中进行网格的划分,网格划分是数值模拟中一个重要且复杂的问题。网格数量过少或者网格划分质量过差将导致模拟计算不收敛,又由于计算机资源有限,网格数量过多将导致计算无法进行,因此,要抓住网格划分中的主要控制因素。针对本书中的三维覆冰拉索,计算模型的网格均采用结构化网格,通过阅读资料和划分网格的实践经验发现,与非结构化网格相比较,结构化网格的优点有:①网格划分后生成实体网格速度快;②由于要把计算流域的不同处划分为不同的块,生成的网格质量好;③网格数据格式简单;④此划分网格方法的拟合方式更接近于实际模型;⑤在数值模拟中,结构化网格容易收敛,收敛费时少,比较准确,有利于存储数据,加快计算机计算速度。但是对于复杂外形的结构,划分结构化网格时要经过多次的调整。

对于在圆形或者椭圆形周围划分的结构化网格,多采用外 O 形网格,其网格容易构造,与圆形边界有很好的关联,网格质量较好,因此,本书中拉索周围边界层网格均采用外 O 形网格。边界层网格的质量对数值仿真结果影响较大,在网格划分时,对边界层网格划分要有足够的耐心。为了使拉索周围边界层网格由密到疏分布,边界层网格的径向增长系数设为 1.05,网格划分见图 3-4。经过模拟计算,网格划分质量满足计算要求。

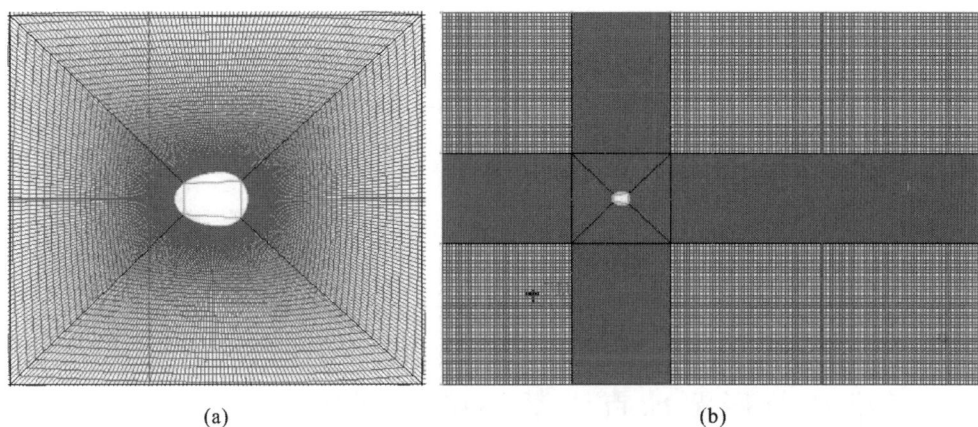

图 3-4　三维新月形覆冰直索网格划分

(a) 局部网格;(b) 整体网格

3.2.2　数值模拟方法

数值模拟边界条件是指在计算流域的边界上需要求解变量随位置和时间的变化规律。本章节中边界条件的定义:上游流体入口定义为速度入口(Velocity inlet),下游流体出口定义为压力出口(Pressure outlet),上下壁面定义为对称边界(Symmetry),其他定义为固壁边界(Wall)。进口速度为 12 m/s,湍流强度(Turbulent Intensity)设置为 3.8%,湍流黏性率(Turbulent Viscosity Ratio)设置为 10。

在 FLUENT 中,求解器(Solver)选用基于压力法的求解器(Pressure Based),设置为三维空间(3D),采用非稳态计算方法,经过多次模拟计算的调试,最终时间步长取 0.001 s。由于 SST k-ω 模型混合了 k-ε 和 k-ω 模型的优势,模拟计算更精确,所以湍流模型采用 SST k-ω(Shear Stress Transport k-ω)模型,松弛因子采用默认数值,动量、湍动能、比耗散均采用比较精确的二阶迎风格式,运用 SIMPLE 算法。

模拟计算时取 5°攻角递增,经过计算后,为增加计算精确度,在升力系数曲线的明显尖峰处增加计算工况,取 2°攻角递增,风攻角示意图见图 3-5,为了使模拟更精确,针对每一工况进行建模、划分网格。

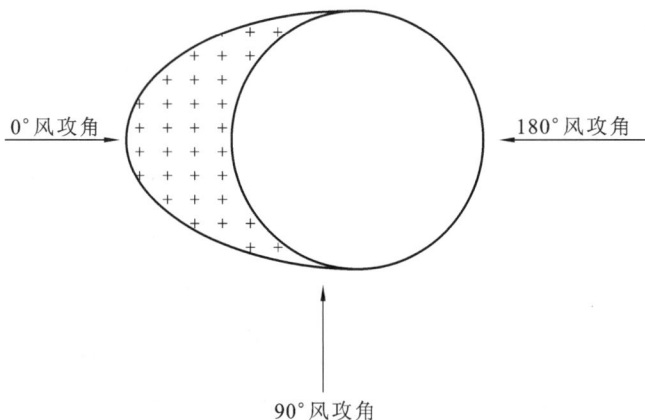

图 3-5　新月形覆冰斜拉索风攻角示意图

3.3　三维新月形覆冰直索数值模拟结果

3.3.1　典型风攻角下三维新月形覆冰直索流场分布

为了分析拉索展向不同位置处的表面风压,取模型展向六个监控截面,监控截面分别为 $Z=100$ mm、$Z=200$ mm、$Z=300$ mm、$Z=400$ mm、$Z=500$ mm、$Z=600$ mm。

图 3-6 给出了同一时刻 90°风攻角下三维新月形覆冰直索监控截面的压力云图,从图中可以看出不同截面脱落涡旋中心的颜色有深有浅,说明其压力值不一致,并且脱落散发形式也有着细微的差别,随着直索高度变化,相应截面的压力云图是存在相位差的,沿拉索高度压力的变化证明了三维直索绕流场的展向流动特性,这在二维模拟中是无法得到反映的,因此,三维模拟比二维模拟更接近于实际流动特性。

图 3-7 所示为 0°、90°风攻角下三维新月形覆冰直索的流场速度云图,在图中可看出明显的尾流涡交替现象。在拉索迎风面和背风面速度较小,迎风的两侧速度较大,而压力在迎风面出现最大值,背风面出现最小值。

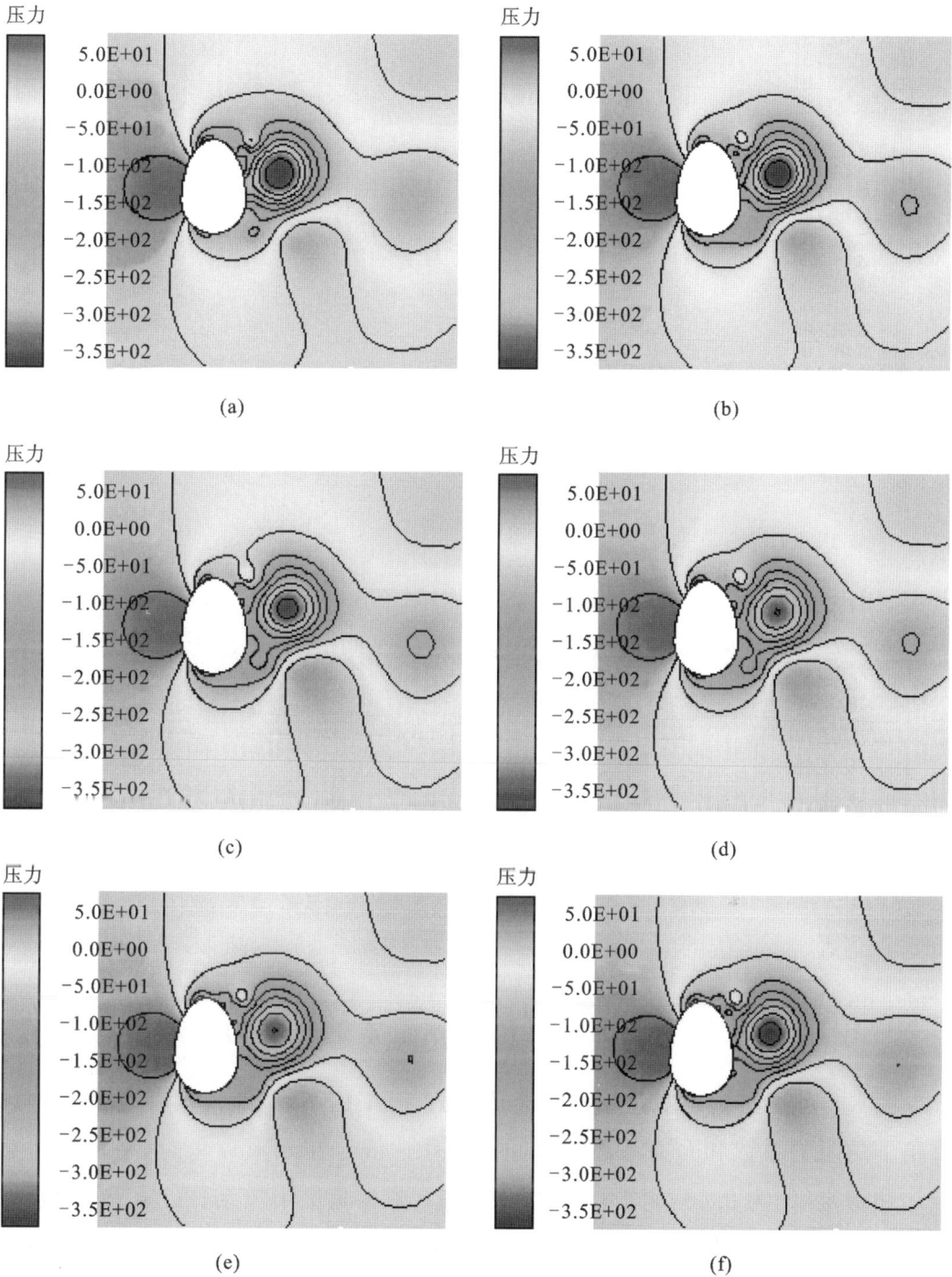

图 3-6 90°风攻角下三维新月形覆冰直索监控截面的压力云图(单位:Pa)

(a) $Z=100$ mm;(b) $Z=200$ mm;(c) $Z=300$ mm;(d) $Z=400$ mm;(e) $Z=500$ mm;(f) $Z=600$ mm

(a)

(b)

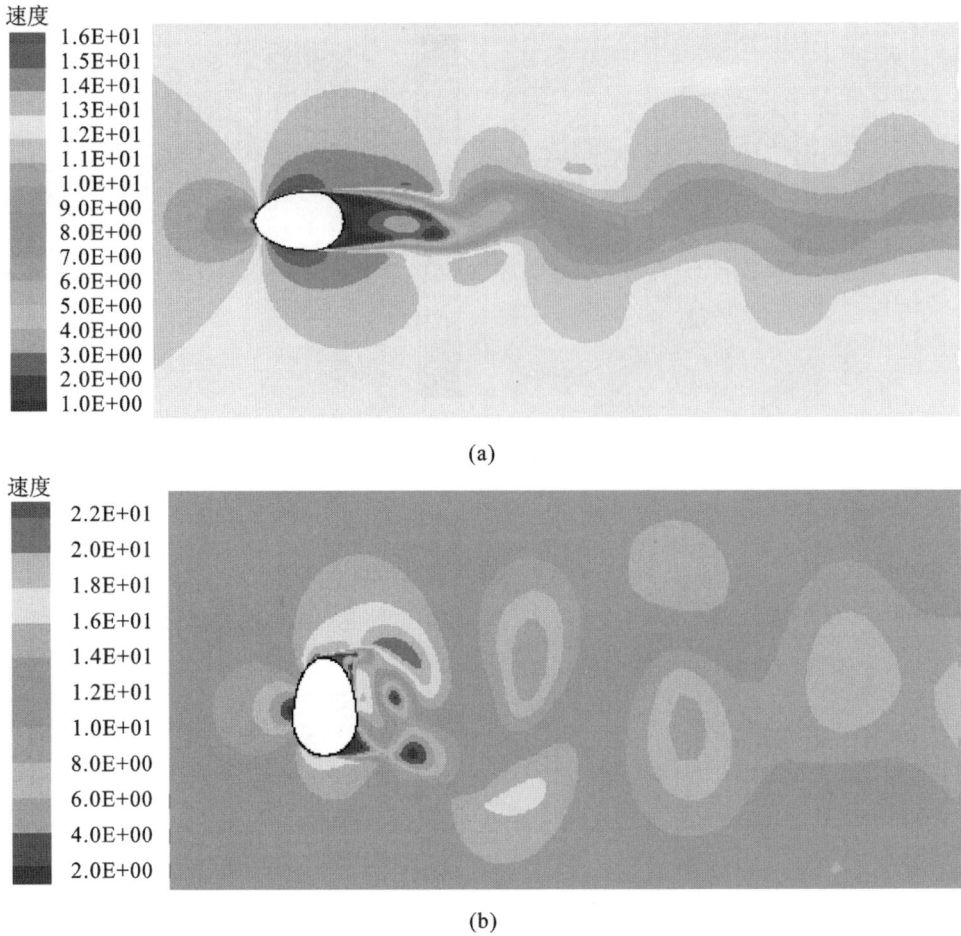

图 3-7　典型风攻角下三维新月形覆冰直索的速度云图（单位：m/s）

(a) 0°风攻角；(b) 90°风攻角

3.3.2　全攻角下三维新月形覆冰直索的气动力系数

图 3-8 分别是三维新月形覆冰直索通过 FLUENT 数值模拟获得的典型风攻角下的阻力系数和升力系数随时间的变化曲线。在 0°风攻角时，平均阻力系数达到稳定，约为 0.48，而平均升力系数在 0 附近呈上下波动；在 90°风攻角时，阻力系数在 1.6 附近呈周期变化，升力系数在 −0.1 附近呈周期性变化。由升力系数时程曲线进行傅里叶变换，即可得到涡旋脱落频率和 Strouhal 数，为涡激共振研究提供参考。

通过模拟得到 12 m/s 风速下各风攻角的阻力系数和升力系数时程曲线，进而获得时程稳定后的阻力系数和升力系数的平均值，其随风攻角的变化规律

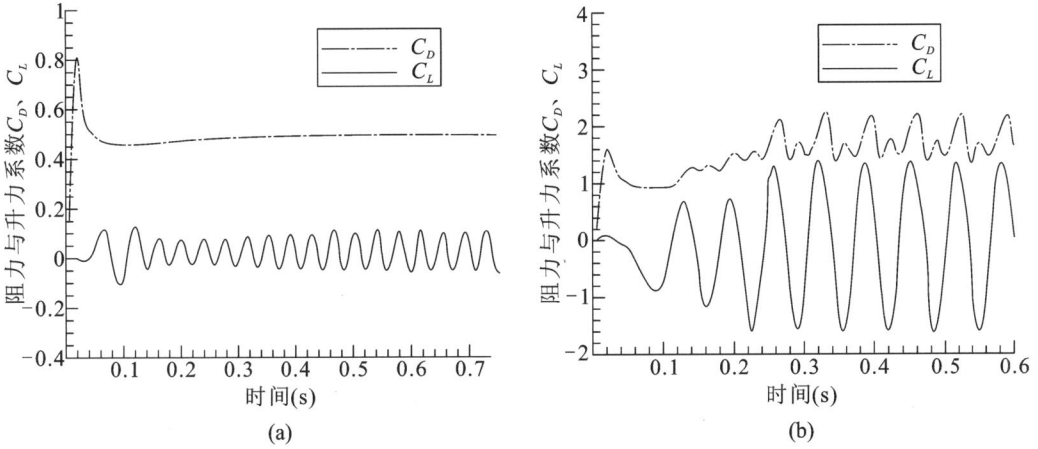

图 3-8　典型风攻角下三维新月形覆冰直索的阻力系数和升力系数时程曲线（风速：12 m/s）

（a）0°风攻角；（b）90°风攻角

如图 3-9 所示。平均阻力系数曲线呈两端低中间略高的形状，最大阻力系数为 1.58，最小阻力系数为 0.37，70°～100°风攻角之间的平均阻力系数波动相对比较大。平均升力系数曲线呈现"M"状，曲线两侧各有一尖峰，升力系数在 0°、90°和 180°风攻角处约为 0，在 20°风攻角时达到最大值 1.0，在 120°风攻角附近达到负峰值。

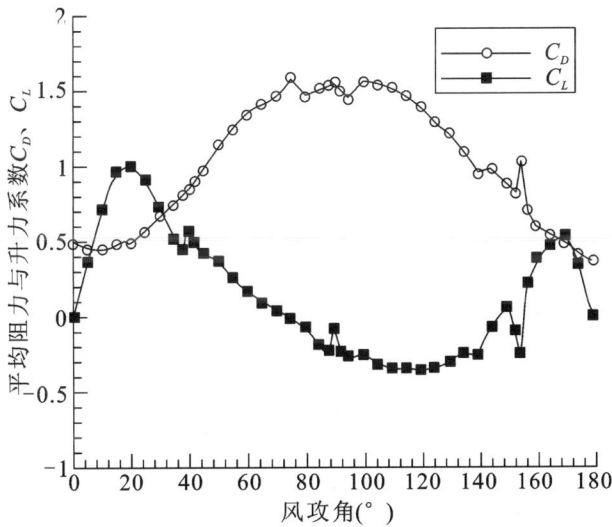

图 3-9　三维新月形覆冰直索的气动力系数（风速：12 m/s）

将图 3-9 中三维新月形覆冰直索的平均阻力系数和平均升力系数与二维模拟、风洞试验值[4]相比较，三维模拟获得的平均阻力系数曲线处于二维模拟和风洞试验数据曲线的中间，略高于风洞试验数据曲线，对于平均升力系数而言,三维模拟的数据曲线与二维模拟、风洞试验相应数据曲线变化规律一致,均呈"M"状,但在风攻角 $60°\sim140°$ 范围内,三维模拟的升力系数与风洞试验值接近,而二维模拟数据与风洞试验差别较大,三维比二维模拟更接近于试验值,三维模拟曲线比风洞试验曲线平缓。

3.3.3 全攻角下三维新月形覆冰直索的驰振力系数

为了判断覆冰拉索发生驰振的可能性,需要获得驰振力系数,即运用式(3-3)计算得到平均升力系数随风攻角变化曲线的斜率值与相应平均阻力系数的矢量和,但对于一个特定风攻角而言,$\partial C_L/\partial \alpha$ 可能取决于 C_L-α 曲线的左侧曲线斜率或者右侧曲线斜率[8]。本章将两种情况下三维新月形覆冰直索随风攻角变化的驰振力系数列于图 3-10 中,当某风攻角处左侧曲线斜率和右侧曲线斜率分别对应的驰振力系数同时小于 0 时,才认为拉索处于不稳定状态。从图 3-10 中可以看出,在风攻角 $25°$、$30°$、$35°$、$42°$、$153°$、$175°$ 处,两种情况的驰振力系数均出现负值,说明拉索处于不稳定状态,易发生覆冰驰振。

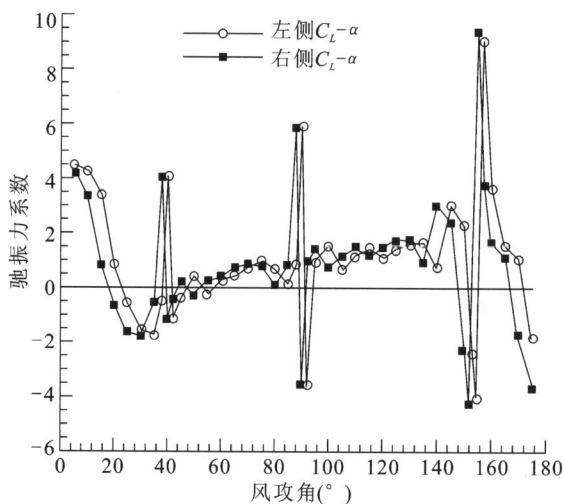

图 3-10　三维新月形覆冰直索的驰振力系数(风速:12 m/s)

3.3.4 三维新月形覆冰斜拉索的驰振临界风速

由于冬季华中地区空气湿度大,会出现雨雪边降边冻,导线和斜拉索极易受覆冰灾害的影响。本节则以某大跨斜拉桥为工程背景计算了斜拉索的驰振临界风速。表 3-1 给出了大跨斜拉桥部分斜拉索的结构参数,主要有索长 L、单位长度斜拉索质量 m、斜拉索一阶模态频率 f_1、斜拉索直径 B 和斜拉索张力

F_t[9]。由阻尼比 1% 及表中各参数,通过式(3-7)获得 25°、30°、35°、42°、153° 以及 175° 风攻角下各个覆冰斜拉索两种情况下的驰振临界风速,其数值见表 3-2。从表中可以看出在同一风攻角下,左侧曲线斜率和右侧曲线斜率分别对应的斜拉索驰振临界风速差别较大,在 30°、153°、175° 风攻角处,左侧曲线斜率和右侧曲线斜率分别对应的驰振临界风速均较小,最小临界风速仅有 7.9 m/s,易发生覆冰驰振。覆冰斜拉索驰振临界风速随着质量和一阶频率的增大而增大,一般斜拉索长度越长,越容易发生覆冰驰振。

表 3-1　某大跨斜拉桥部分斜拉索结构参数

斜拉索编号	L(m)	m(kg/m)	f_1(Hz)	B(mm)	F_t(kN)
NZ22	385.06	63.6	0.350	101.7	4310.1
SZ23	369.44	63.6	0.361	101.7	4234.2
NB24	378.83	72.6	0.355	108.7	4916.3
SZ28	442.17	76.2	0.306	111.4	5025.3

表 3-2　覆冰斜拉索驰振临界风速

风攻角	覆冰斜拉索驰振临界风速	斜拉索编号			
		NZ22	SZ23	NB24	SZ28
25°风攻角	左侧曲线斜率对应的临界风速(m/s)	68.7	70.8	74.4	65.7
	右侧曲线斜率对应的临界风速(m/s)	22.2	22.9	24.0	21.2
30°风攻角	左侧曲线斜率对应的临界风速(m/s)	23.9	24.6	25.9	22.9
	右侧曲线斜率对应的临界风速(m/s)	19.7	20.3	21.3	18.8
35°风攻角	左侧曲线斜率对应的临界风速(m/s)	20.4	21	22.1	19.5
	右侧曲线斜率对应的临界风速(m/s)	74.8	77.2	81.1	71.6
42°风攻角	左侧曲线斜率对应的临界风速(m/s)	32.7	33.7	35.4	31.3
	右侧曲线斜率对应的临界风速(m/s)	90.4	93.2	97.9	86.4
153°风攻角	左侧曲线斜率对应的临界风速(m/s)	15.1	15.5	16.3	14.4
	右侧曲线斜率对应的临界风速(m/s)	8.0	8.6	9.0	7.9
175°风攻角	左侧曲线斜率对应的临界风速(m/s)	19.9	20.5	21.5	19
	右侧曲线斜率对应的临界风速(m/s)	9.7	9.9	10.5	9.2

本章小结

本章利用 FLUENT 软件对三维新月形覆冰直索进行数值模拟,得到了覆

冰直索的气动力参数、驰振力系数以及驰振临界风速,通过数值模拟结果分析得到如下结论:

(1)边界层网格划分质量对数值模拟影响较大,对三维覆冰直索周围采用外 O 形结构化网格,网格径向增长系数采用 1.05,能够满足数值模拟计算的要求。若计算机资源足够,尽量增加边界层网格数量。

(2)监控截面的流场分布说明了空间直索绕流场的三维流动特性,三维模拟比二维模拟更接近于实际流动。与风洞试验和二维模拟数据相比较,三维模拟得到的气动力系数随风攻角的变化规律比二维模拟更接近于风洞试验值。

(3)三维模拟的新月形覆冰拉索在 25°、30°、35°、42°、153°以及 175°风攻角时左侧曲线斜率和右侧曲线斜率对应的驰振力系数均出现负值,拉索具有发生覆冰驰振的可能性。

(4)以某大跨斜拉桥为工程背景,研究出其斜拉索在新月形覆冰条件下,30°、153°和175°风攻角的左侧曲线斜率和右侧曲线斜率分别对应的驰振临界风速均较小,最小临界风速仅有 7.9 m/s,说明其斜拉索易发生覆冰驰振,覆冰斜拉索驰振临界风速随着质量和一阶频率的增大而增大,一般斜拉索越长,驰振临界风速越小。

参 考 文 献

[1] DEMARTINO C,RICCIARDELLI F. Aerodynamic stability of ice-accreted bridge cables [J]. Journal of Fluids and Structures,2015,52:81-100.

[2] DEMARTINO C,KOSS H H,GEORGAKIS C T,et al. Effects of ice accretion on the aerodynamics of bridge cables [J]. Journal of Wind Engineering and Industrial Aerodynamics,2015,138:98-119.

[3] KRAVCHENKO A G,MOIN P. Numerical studies of flow over a circular cylinder at $Re_D = 3900$ [J]. Physics of Fluids,2000,12(2):403-417.

[4] 李寿英,黄韬,叶继红.覆冰斜拉索气动力的试验与数值研究[J].湖南大学学报,2012,39(8):1-6.

[5] 滕二甫,段忠东,张秀华.新月形覆冰导线气动力特性的数值模拟[J].低温建筑技术,2008,1:86-88.

[6] 陈政清.桥梁风工程[M].北京:人民交通出版社,2005.

[7] 李寿英,黄韬,叶继红.覆冰斜拉索驰振稳定性的理论研究[J].振动与冲击,2013,32(1):122-127.

[8] 马文勇,顾明,全涌,等.覆冰导线任意方向驰振稳定性分析方法[J].同济大学学报,2008,38(1):130-134.

[9] 蒙金有.固原地区输电线路覆冰及其事故防治技术研究[D].重庆:重庆大学,2006,8-21.

4 三维新月形覆冰斜拉索数值模拟

1.1 概述

在第 3 章中,对三维新月形覆冰直索进行了数值模拟以及驰振分析,在前人的基础上,获得了一些新的结论。但是在实际桥梁工程中,斜拉索往往是存在斜向角度的,为了使研究更好地应用于实际工程中,本章以苏通大桥部分斜拉索为工程背景,考虑斜拉索的斜向角度,使数值模拟中斜拉索模型更接近工程实际情况。

苏通大桥为大跨度双塔双索斜拉桥,是国家"十一五"重点建设项目,主跨达 1088 m,是沈阳到海口高速公路跨越长江的重要工程。苏通大桥桥跨为七跨连续梁,由于主跨很大,传递桥面和桥塔之间荷载的斜拉索长度也较长,其中最长斜拉索长达 577 m。大跨度斜拉桥斜拉索的安全直接威胁到整个斜拉桥的安全,甚至会造成斜拉桥灾难性地突然破坏。斜拉索越长,其刚度越小,风荷载对斜拉索影响越大,越容易发生风致振动。斜拉索的长期风致振动会引起斜拉索疲劳破坏,很多时候也会造成斜拉索保护层破坏,加重斜拉索的腐蚀,同时人们会对斜拉索的承载力和安全性提出质疑。

在斜拉桥中,斜拉索的造价约占整体造价的 1/3,斜拉索出现问题会造成巨大的经济损失,在苏通大桥设计中,分别采用 CFD 和风洞试验研究了其斜拉索以及桥塔的阻力系数,在风洞试验中考虑了斜拉索的斜向角度。通过对苏通大桥未覆冰斜拉索的数值模拟研究与分析,在斜拉索展向速度分布云图中可以看到斜拉索前缘与后缘存在展向速度,即存在轴向流,斜拉索这种轴向流动特性在桥梁斜拉索设计中应得到高度注意。

根据现阶段大跨斜拉桥斜拉索的振动研究和观测结果,苏通大桥斜拉索的主要振动类型有以下三种:

(1)涡激振动。由于斜拉索尾流中周期性涡旋脱落引起的一种风致振动形式,是圆形截面结构中常见的振动形式。

（2）风雨激振。在风雨共同作用下，圆形截面结构上形成的雨线使其气动特性发生改变，造成长细结构的斜拉索产生振动现象，近阶段很多学者对斜拉索的风雨激振进行了比较多的研究。

（3）参数共振和线性内部共振。大跨斜拉桥在车辆荷载、风荷载等作用下，若桥塔或桥面振动频率接近于斜拉索某阶模态频率的二倍或者数倍时，斜拉索就可能发生参数共振；而整个斜拉桥的某阶振型对应的频率与某一斜拉索的某阶振型对应的固有频率一样时，就会出现斜拉索的共振现象，此即线性内部共振。

近年来，在寒冷冬季，特别是在欧洲地区，已经观察到斜拉索出现了覆冰驰振的现象。截至目前，在苏通大桥的大量研究资料中，并未发现有对其斜拉索的覆冰气动力特性所开展的研究，桥梁结构设计中也未考虑过风荷载下覆冰对斜拉索气动参数的影响。据此，本章针对苏通大桥斜拉索的覆冰驰振进行数值模拟研究，分析其覆冰斜拉索的阻力系数、升力系数和驰振力系数，分别对编号为 J4、J6、J9 的三根索的气动力系数进行比较，分析斜拉索倾斜角度、直径对斜拉索气动力特性的影响。J4、J6、J9 三根斜拉索的结构参数见表 4-1。

表 4-1　苏通大桥 J4、J6、J9 斜拉索结构参数

斜拉索编号	$m(\mathrm{kg/m})$	$f_1(\mathrm{Hz})$	$B(\mathrm{mm})$	斜拉索倾角（°）
J4	45.28	0.778	112	70.725
J6	45.28	0.718	112	61.305
J9	49.33	0.602	116	50.540

4.2　三维新月形覆冰斜拉索模型建立与数值模拟方法

覆冰斜拉索的冰型采用新月形冰型，J4、J6、J9 三根索的覆冰厚度均为 40 mm，斜拉索模型展向长度取为 600 mm，其模型外形尺寸见图 4-1。

本章数值模拟中 J4、J9 斜拉索的风攻角变化范围为 0°～60°，其增量仍取 5°，并对 J4、J6、J9 部分典型风攻角进行了模拟。由于针对每一工况都进行了建模，划分网格比较麻烦，并且费时，因此对于各风攻角工况，J4、J6、J9 斜拉索分别保持其模型和网格不变，在模拟计算中仅仅改变来流速度方向，所以计算流域采用正方形区域，计算区域的大小为 4.5 m×4.5 m，将斜拉索的中心放置于

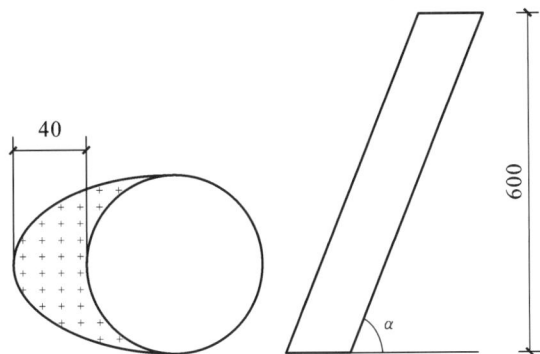

图 4-1　三维新月形覆冰斜拉索模型示意图(单位:mm)

原点处,距离左边界和下边界 1.5 m,距离上边界和右边界 3.0 m,其流域详细尺寸及坐标见图 4-2,图中 X 轴正方向为速度来流方向,来流方向逆时针转动 90°为 Y 轴正方向,Z 轴为斜拉索的长度方向。

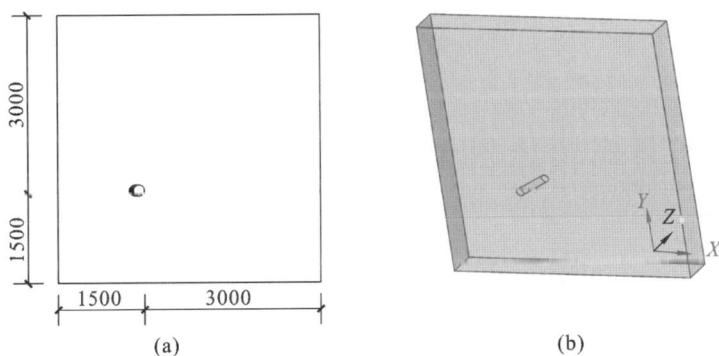

图 4-2　三维新月形覆冰斜拉索计算区域尺寸及坐标(单位:mm)

(a) 区域尺寸;(b) 区域坐标

　　J4、J6、J9 斜拉索模型的网格划分仍采用外 O 形结构化网格,并对边界层网格进行加密,由于苏通大桥 J4、J6、J9 斜拉索模型均是斜向的,对网格划分有很大影响,斜拉索周围展向网格沿索斜向划分,又因为覆冰斜拉索的水平截面比较不规则,呈近似椭圆形,划分网格时很容易出现部分网格过密、部分网格又过疏的情况,因此覆冰斜拉索的网格划分难度大,并且网格划分质量不好会造成数值模拟不收敛,极大地影响监测的阻力系数和升力系数的结果。在网格划分时要特别注意边的关联和节点的对齐,确保 O 形网格关联尽量均匀,适当加密边界层网格,通过试算,对最小网格和网格径向增长系数不断调试,最终使模拟计算达到收敛,其网格划分见图 4-3。

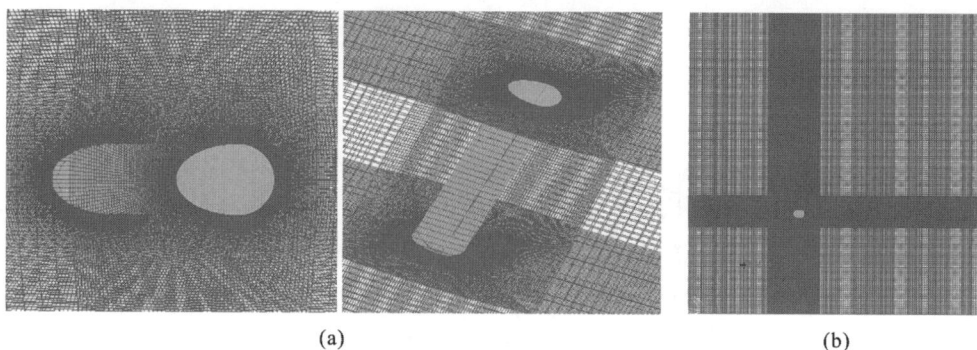

(a)   (b)

图 4-3   三维新月形覆冰斜拉索网格划分

(a) 局部网格；(b) 整体网格

本章边界条件：定义左边界、下边界为速度入口（Velocity inlet），上边界、右边界为压力出口（Pressure outlet），剩余边界定义为对称边界（Symmetry）。流域进口速度（Velocity）为 20 m/s，风攻角、FLUENT 求解器以及升力系数、阻力系数的方向同第三章三维新月形覆冰直索数值模拟。

4.3   三维新月形覆冰斜拉索数值模拟结果

4.3.1   90°风攻角下三维新月形覆冰斜拉索流场分布

为了分析 J4、J6、J9 三根覆冰斜拉索展向不同位置处的压力云图以及流场速度分布，取模型展向五个监控截面，监控截面分别为 $Z=100$ mm、$Z=200$ mm、$Z=300$ mm、$Z=400$ mm、$Z=500$ mm。

图 4-4 给出了同一时刻 90°风攻角下三维新月形覆冰斜拉索 J4 各个监控截面的压力云图，从图中可以看出不同截面脱落涡旋大小和压力值有着很大差别，由于斜拉索模型是斜向的，与新月形覆冰直索的压力云图相比，每个截面的涡旋脱落散发形式有着明显的区别，各个监控截面的压力云图存在着明显的相位差，从截面 $Z=100$ mm 压力云图中可以看到斜拉索上方形成一个大尾流涡旋，涡旋中心区域压力值较小；在截面 $Z=200$ mm 压力云图中，尾流涡旋逐渐变大，涡旋中心区域压力值变大；在截面 $Z=300$ mm 压力云图中，尾流涡旋逐渐变小，涡旋区域压力值明显增大，尾流涡旋有脱离斜拉索的趋势；在截面 $Z=400$ mm 压力云图中，尾流涡旋逐渐脱离斜拉索，斜拉索上方覆冰处有生成新的

尾流涡旋的迹象；在截面 $Z=500$ mm压力云图中，斜拉索上方覆冰处生成新的尾流涡旋，涡旋中心区域压力值又逐渐增大。J4 覆冰斜拉索各个监控截面的压力云图更加说明覆冰斜拉索绕流场具有明显的三维流动特性。

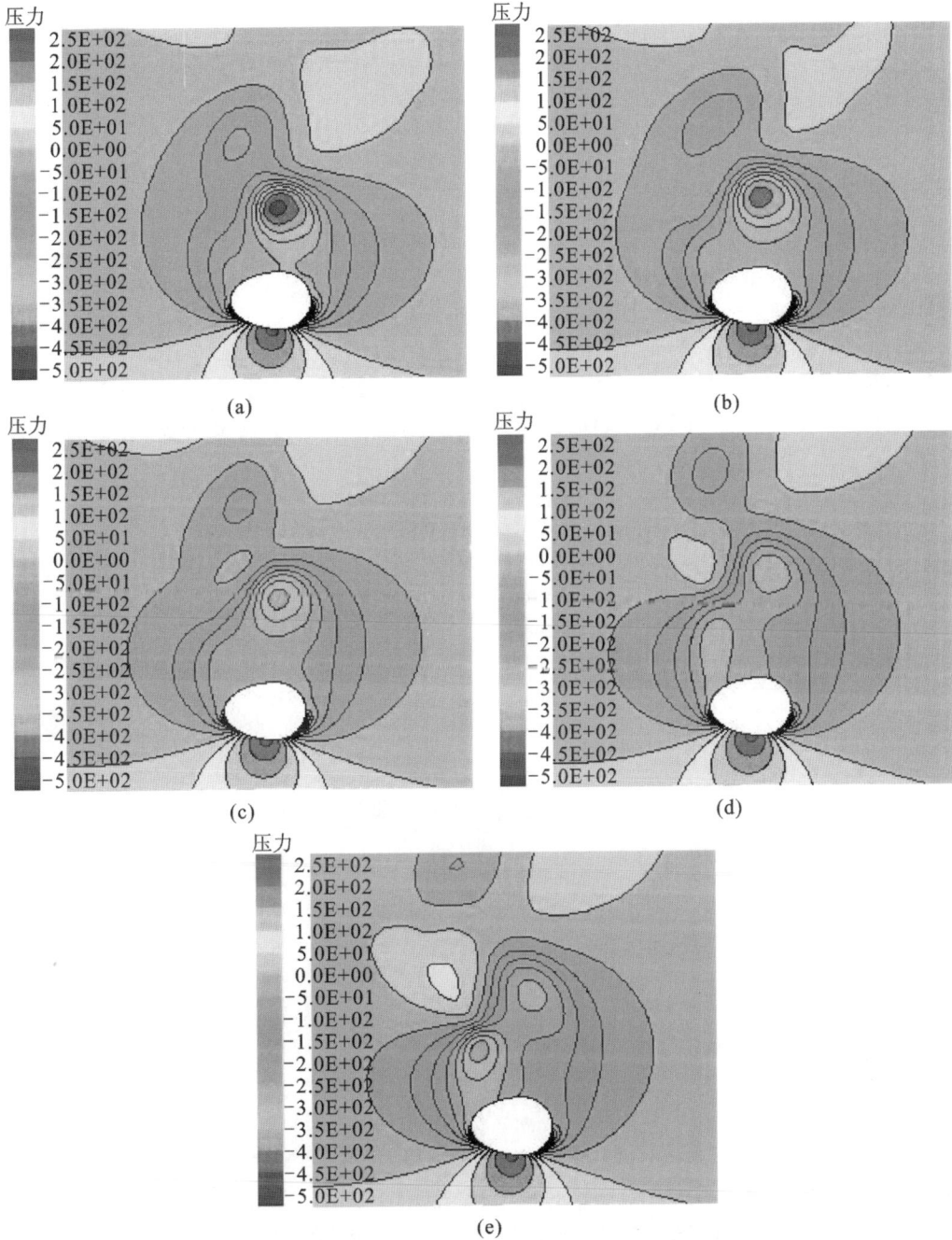

图 4-4　90°风攻角下三维新月形覆冰斜拉索 J4 各个监控截面的压力云图（单位：Pa）

(a) $Z=100$ mm；(b) $Z=200$ mm；(c) $Z=300$ mm；(d) $Z=400$ mm；(e) $Z=500$ mm

图 4-5、图 4-6 分别给出了同一时刻 90°风攻角下三维新月形覆冰斜拉索 J6、J9 各个监控截面的压力云图,由于 J6 斜拉索与 J4 斜拉索的斜向角度不同,

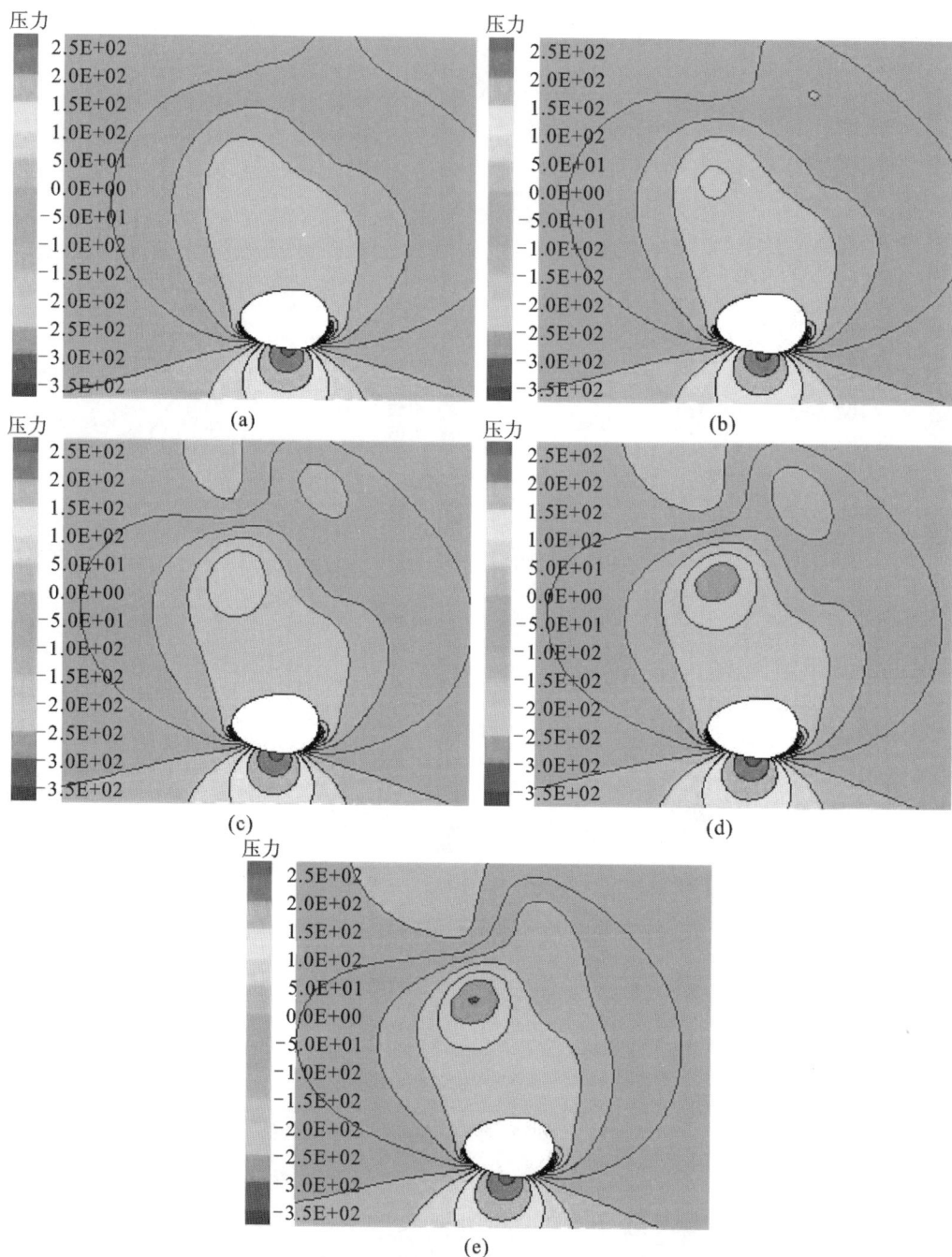

(a)

(b)

(c)

(d)

(e)

图 4-5　90°风攻角下三维新月形覆冰斜拉索 J6 各个监控截面的压力云图(单位:Pa)

(a) $Z=100$ mm;(b) $Z=200$ mm;(c) $Z=300$ mm;(d) $Z=400$ mm;(e) $Z=500$ mm

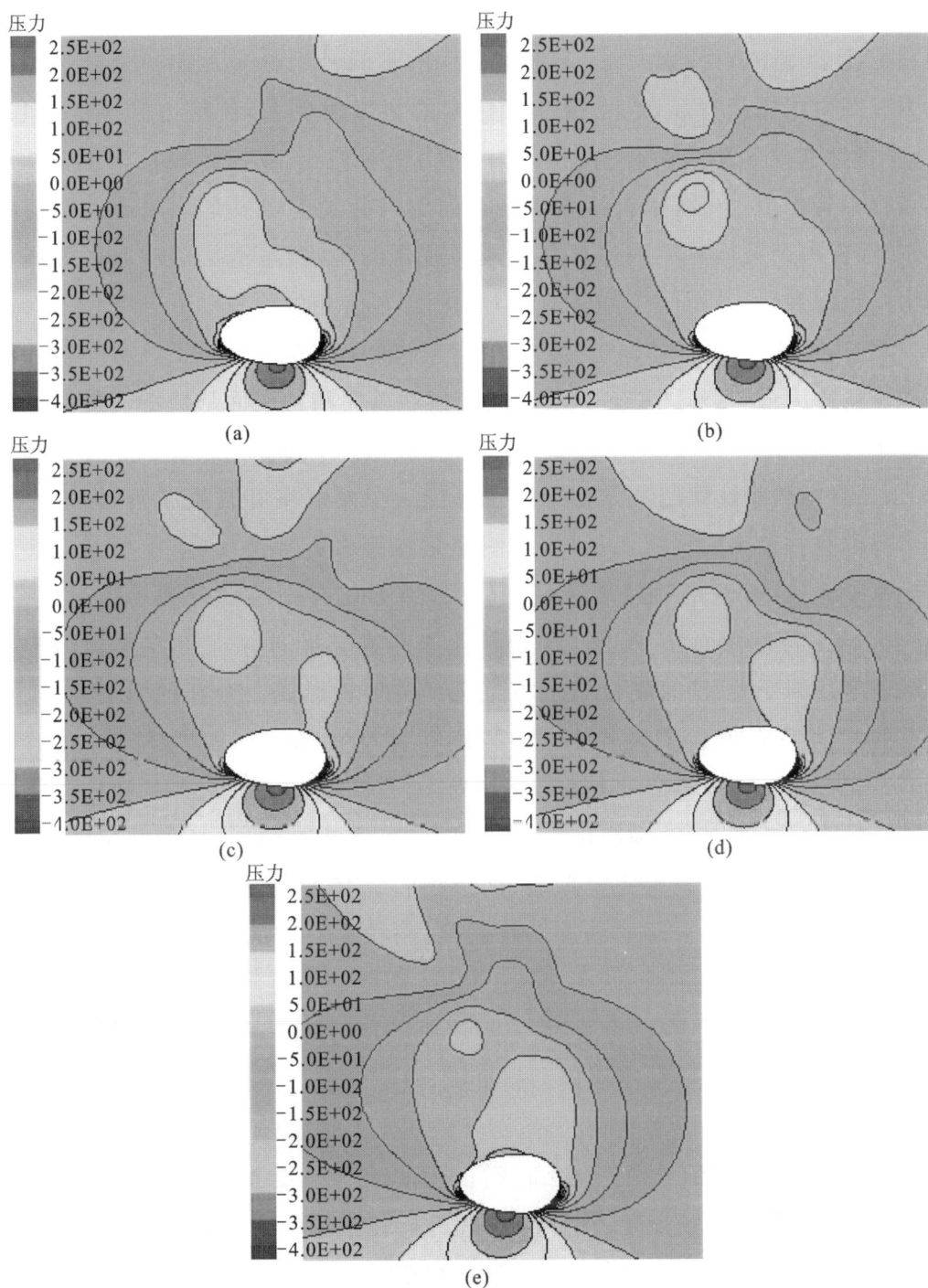

图 4-6 90°风攻角下三维新月形覆冰斜拉索 J9 各个监控截面的压力云图（单位：Pa）

(a) $Z=100$ mm；(b) $Z=200$ mm；(c) $Z=300$ mm；(d) $Z=400$ mm；(e) $Z=500$ mm

J9 斜拉索与 J4 斜拉索的斜向角度和斜拉索直径均不同,J6、J9 覆冰斜拉索的水平截面比 J4 覆冰斜拉索大,由于水平截面的不同,J6、J9 覆冰斜拉索监控截面压力云图中尾流涡形状比 J4 覆冰斜拉索的尾流涡更大,负压力区域大,但是 J6、J9 覆冰斜拉索尾流涡旋中心区域的压力绝对值比 J4 覆冰斜拉索小。从压力云图中看出 J6、J9 覆冰斜拉索各个截面的涡旋脱落散发形式也有着明显的区别,沿着各个截面尾流涡也存在生成与脱落的现象,尾流涡旋中心区域压力值大小也在变化,各个监控截面的压力云图存在着相位差。

图 4-7 所示为同一时刻 90°风攻角下三维新月形覆冰斜拉索 J4 各个监控截面的流场速度云图,从图中可以看出斜拉索迎风面和背风面形成的涡旋区域速度很小,斜拉索侧面形成的涡旋区域速度较大。从速度云图中看出在 $Z=100\ mm$ 高度截面处模型上方左半部位形成一个尾流涡并开始脱落,模型上方右半部位有一个小的尾流涡形成,与斜拉索模型右方部位比较,模型左方部分流动速度比较小,但是高速度区域比较大,右方仅有一小部分为高速度区;在 $Z=200\ mm$ 高度截面处,模型上方的尾流涡即将脱落,即将脱落的尾流涡中心区域速度逐渐变大,同时斜拉索上方尾流中又即将形成一个新的涡旋,斜拉索左方的流动涡旋分离为两个,右方的流动涡旋也即将分离为两个;在 $Z=300\ mm$ 高度截面处,斜拉索上方即将脱落的尾流涡逐渐变小,并且斜拉索右方流动速度明显减小,流动涡旋也分离为两个;在 $Z=400\ mm$ 高度截面处,斜拉索上方尾流中新的小涡旋完全形成,两个小涡旋有逐渐合并在一起的趋势,斜拉索左方高速度区域末端的涡旋即将脱离,斜拉索右方的高速度区域在增大,但涡旋中心处的速度在减小;在 $Z=500\ mm$ 高度截面处,斜拉索上方最初的尾流涡完全脱落,两个小涡旋合并在一起形成一个较大的涡旋并开始脱离,同时斜拉索上方附近又有一个小涡旋即将形成,斜拉索左方高速度区域末端的涡旋完全脱落。

图 4-8、图 4-9 所示分别为同一时刻 90°风攻角下三维新月形覆冰斜拉索 J6、J9 各个监控截面的流场速度云图,与 J4 覆冰斜拉索速度云图一致,J6、J9 覆冰斜拉索迎风面和背风面形成的涡旋区域速度很小,侧面形成的涡旋区域速度较大,斜拉索尾流流场中也存在交替的涡旋脱落。与 J4 覆冰斜拉索相比较,J6、J9 覆冰斜拉索背面的低风速区域较大,特别是 J6 覆冰斜拉索的 $Z=100\ mm$ 和 $Z=200\ mm$ 监控截面处,并且 J6、J9 覆冰斜拉索侧面的高速度区域也较大,特别是 J6 覆冰斜拉索,这些差别可能对覆冰斜拉索的风致振动特性产生巨大影响。

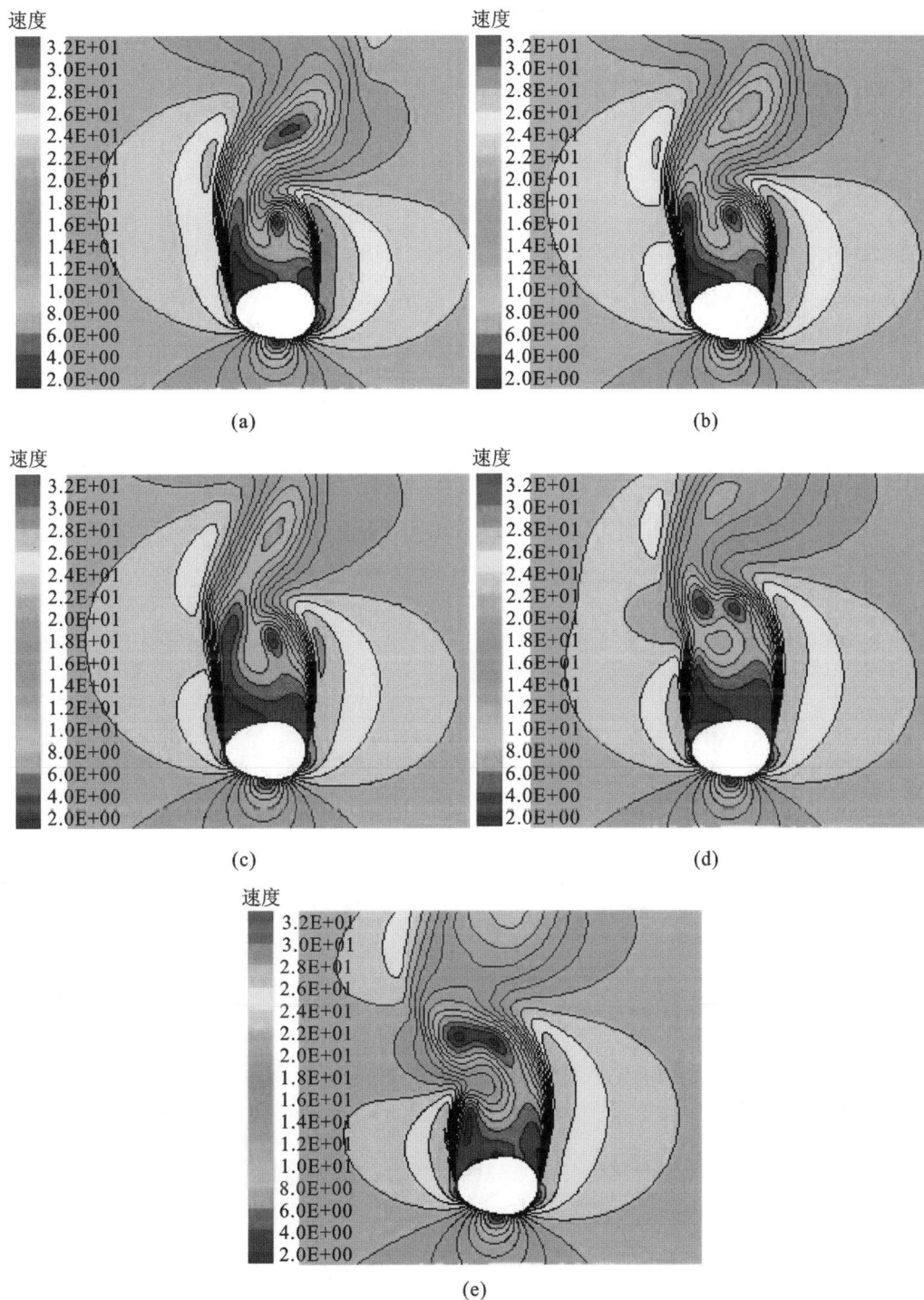

图 4-7　90°风攻角下三维新月形覆冰斜拉索 J4 各个监控截面的流场速度云图（单位：m/s）

（a）$Z=100$ mm；（b）$Z=200$ mm；（c）$Z=300$ mm；（d）$Z=400$ mm；（e）$Z=500$ mm

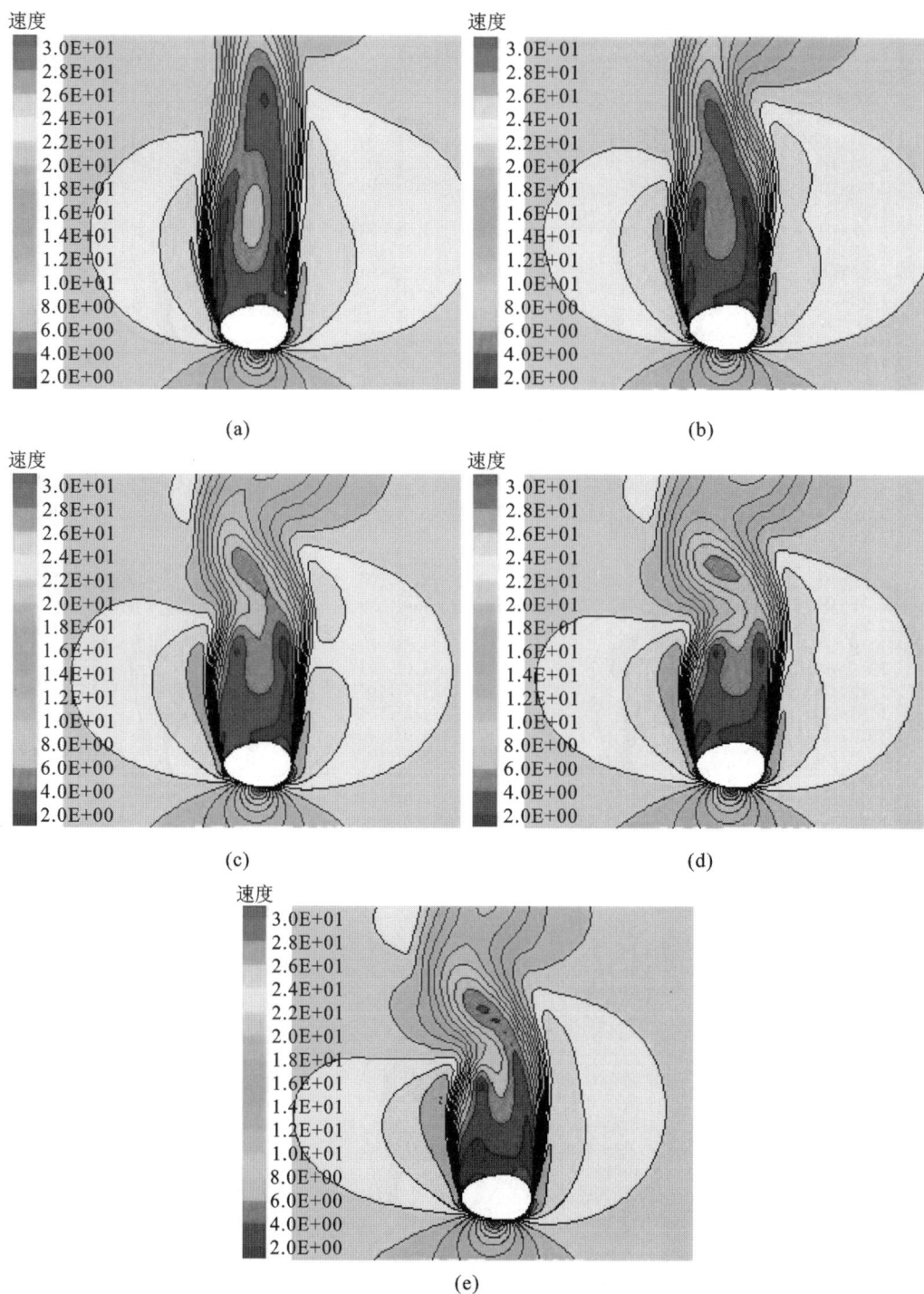

图 4-8　90°风攻角下三维新月形覆冰斜拉索 J6 各个监控截面的流场速度云图(单位:m/s)

(a) $Z=100$ mm;(b) $Z=200$ mm;(c) $Z=300$ mm;(d) $Z=400$ mm;(e) $Z=500$ mm

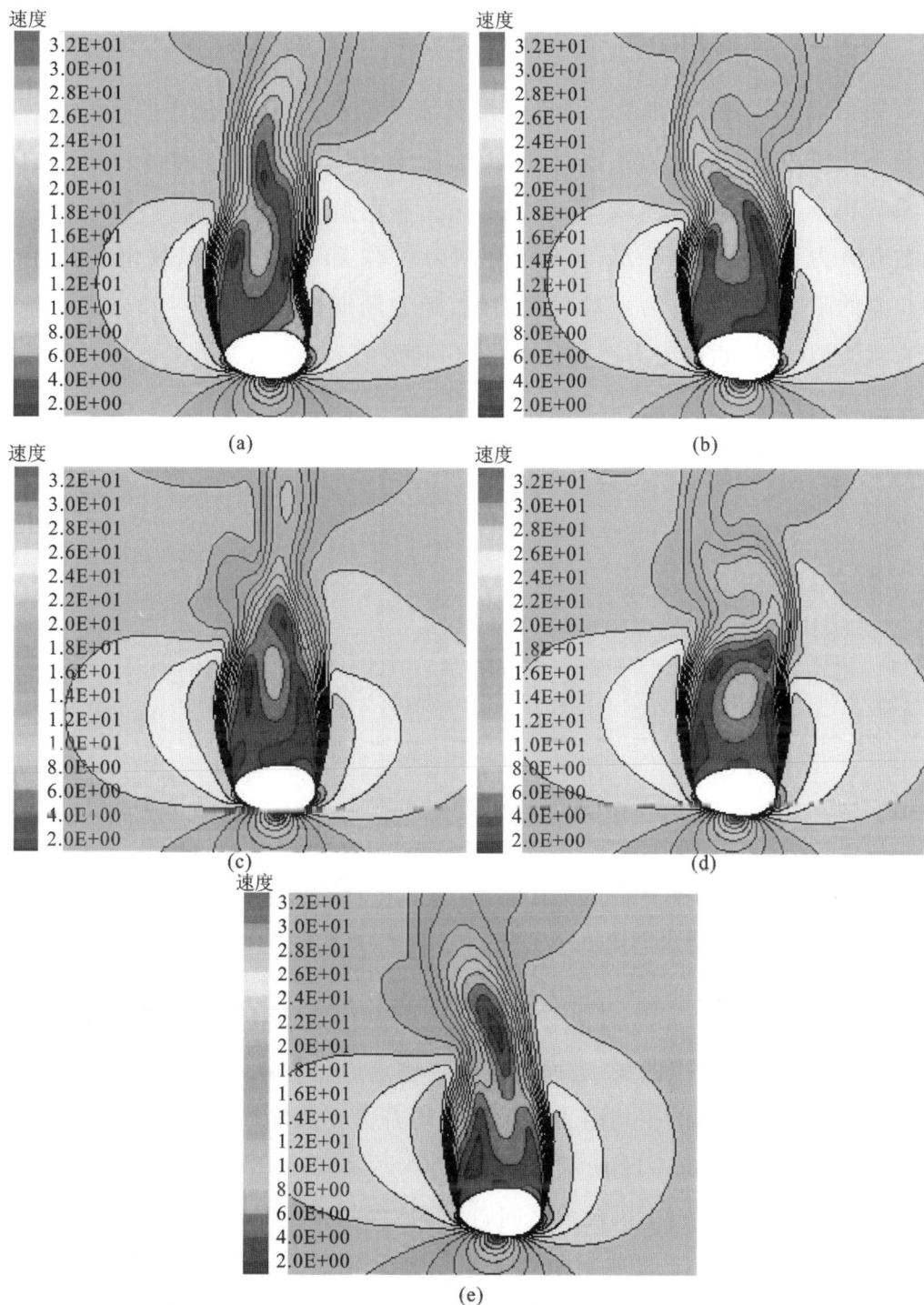

图 4-9　90°风攻角下三维新月形覆冰斜拉索 J9 各个监控截面的流场速度云图（单位：m/s）

（a）$Z=100$ mm；（b）$Z=200$ mm；（c）$Z=300$ mm；（d）$Z=400$ mm；（e）$Z=500$ mm

4.3.2　全攻角下三维新月形覆冰斜拉索的气动力系数

图 4-10、图 4-11 分别是三维新月形覆冰斜拉索 J4、J6 数值模拟获得的 0°风攻角下的阻力系数和升力系数时程曲线,对于 0°风攻角下 J4 覆冰斜拉索的阻力系数和升力系数时程曲线,随着稳定涡街和涡旋脱落的形成,斜拉索的阻力系数和升力系数均达到稳定,其数值分别为 0.42 和 0;对于 0°风攻角下 J6 覆冰斜拉索的阻力系数和升力系数时程曲线,随着周期性的涡旋脱落,与等截面覆冰直索类似,斜拉索的阻力系数达到稳定,其数值为 0.38,升力系数在 0 附近呈稳定的周期性变化。

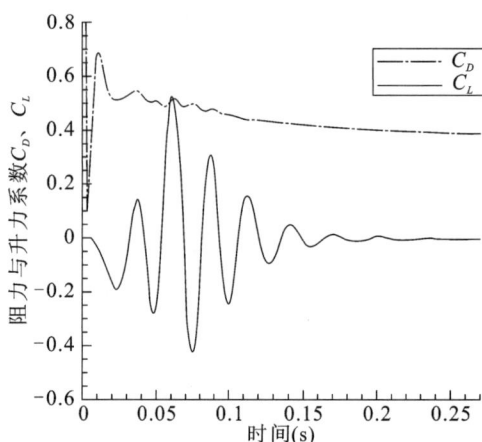

图 4-10　0°风攻角下三维新月形覆冰斜拉索 J4 的阻力系数和升力系数时程曲线(风速:20 m/s)

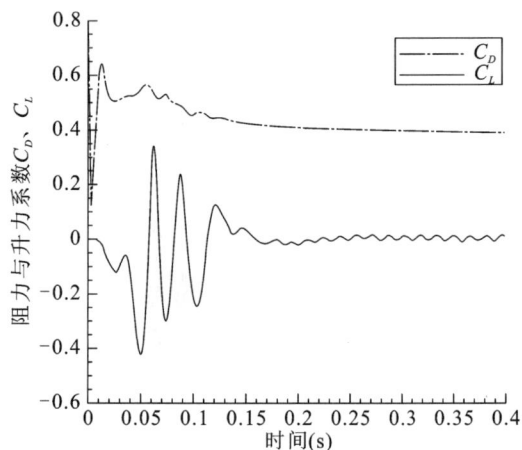

图 4-11　0°风攻角下三维新月形覆冰斜拉索 J6 的阻力系数和升力系数时程曲线(风速:20 m/s)

通过模拟得到 20 m/s 风速下 J4、J6、J9 新月形覆冰斜拉索部分风攻角的阻力系数和升力系数时程曲线,进而获得时程稳定后阻力系数和升力系数的平均值,J4、J9 覆冰斜拉索的平均阻力系数和平均升力系数随 0°~60°风攻角的变化规律分别如图 4-12、图 4-13 所示。

在图 4-12 中,0°~60°风攻角之间,J4 覆冰斜拉索的平均阻力系数随风攻角先降低再逐渐增大。J4 覆冰斜拉索的平均阻力系数最小值为 0.37,最大值为 0.78。在 0°~60°风攻角之间,J9 覆冰斜拉索的平均阻力系数随风攻角逐渐增大,曲线在 50°、55°风攻角处有所下降,而在 60°风攻角处曲线再次上升。J9 覆冰斜拉索的平均阻力系数最小值为 0.41,最大值为 0.78。与 J9 覆冰斜拉索的平均阻力系数曲线相比,J4 覆冰斜拉索的平均阻力系数曲线比较平缓;与新月形覆冰直索数值模拟的平均阻力系数相比,由于J4、J9覆冰斜拉索考虑了实际工程中斜拉索的斜向角度以及模拟风速的不同,其平均阻力系数较小。

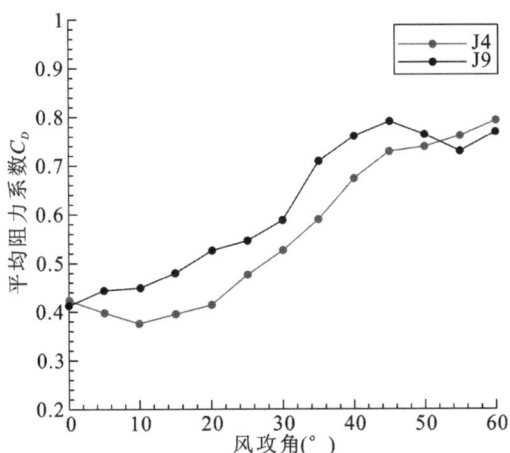

图4-12　三维新月形覆冰斜拉索的
平均阻力系数(风速:20 m/s)

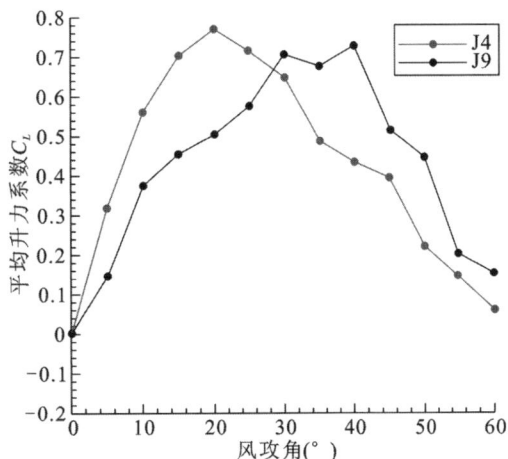

图4-13　三维新月形覆冰斜拉索的
平均升力系数(风速:20 m/s)

在图4-13中,0°~60°风攻角之间,J4和J9覆冰斜拉索的平均升力系数随风攻角变化的曲线呈倒"V"形,在0°~20°风攻角之间,J4覆冰斜拉索的平均升力系数随风攻角逐渐增大,在20°~60°风攻角之间逐渐减小;在0°~30°风攻角之间,J9覆冰斜拉索的平均升力系数随风攻角逐渐增大,在40°~60°风攻角之间逐渐减小。在0°~25°风攻角之间,J4覆冰斜拉索的平均升力系数大于J9覆冰斜拉索的平均升力系数;在30°~60°风攻角之间,J4覆冰斜拉索的平均升力系数小于J9覆冰斜拉索的平均升力系数。在0°~60°风攻角之间,J4、J9覆冰斜拉索的平均升力系数的最大值分别为0.76、0.72,J9覆冰斜拉索平均升力系数峰值小于J4覆冰斜拉索。与J9覆冰斜拉索的平均升力系数曲线相比,J4覆冰斜拉索的平均升力系数曲线比较平缓;与新月形覆冰直索数值模拟的平均升力系数相比,J4、J9覆冰斜拉索的平均升力系数峰值也较小。

表4-2、表4-3分别是J4、J6、J9覆冰斜拉索典型风攻角下的平均阻力系数和平均升力系数。J4、J6两根斜拉索的直径相同,倾斜角度不同,由于J6斜拉索的倾斜角度小于J4斜拉索的倾斜角度,所以表4-2中J6覆冰斜拉索的典型风攻角下的平均阻力系数小于J4覆冰斜拉索,即覆冰斜拉索的倾斜角度越小,其平均阻力系数越小。通过比较表中J4、J6、J9覆冰斜拉索典型风攻角下的平均阻力系数可得出:在覆冰厚度、覆冰形状、风速相同的情况下,覆冰斜拉索的

平均阻力系数与斜拉索的直径、倾斜角度有很大关系。在表 4-3 中，J4、J6、J9 覆冰斜拉索在典型风攻角下分别对应的平均升力系数在 0°风攻角处均为 0，在 30°、60°、90°风攻角处依次增大，而在 120°、150°风攻角处依次减小。J9 覆冰斜拉索在 120°、150°风攻角处的平均升力系数数据与 J4、J6 相差较大。

表 4-2　J4、J6、J9 覆冰斜拉索典型风攻角下的平均阻力系数

斜拉索编号	0°风攻角	30°风攻角	60°风攻角	90°风攻角	120°风攻角	150°风攻角
J4	0.42	0.52	0.78	0.80	0.70	0.48
J6	0.38	0.51	0.74	0.71	0.61	0.45
J9	0.41	0.58	0.76	0.74	0.73	0.80

表 4-3　J4、J6、J9 覆冰斜拉索典型风攻角下的平均升力系数

斜拉索编号	0°风攻角	30°风攻角	60°风攻角	90°风攻角	120°风攻角	150°风攻角
J4	0	0.64	0.06	−0.20	−0.28	0.03
J6	0	0.66	0.13	−0.16	−0.29	−0.04
J9	0	0.70	0.15	−0.15	−0.53	−0.40

4.3.3　全攻角下三维新月形覆冰斜拉索的驰振力系数

为了判断 J4、J9 覆冰斜拉索发生驰振的可能性，与第 3 章新月形覆冰直索一样，运用式(3-3)计算得到平均升力系数随风攻角变化曲线的斜率值与相应平均阻力系数的矢量和，即驰振力系数。经过计算，将三维新月形覆冰斜拉索 J4、J9 两种情况下的驰振力系数分别列于图 4-14、图 4-15 中，当某风攻角处左侧升力系数曲线斜率和右侧升力系数曲线斜率分别对应的驰振力系数同时小于 0 时，才认为该斜拉索处于不稳定状态，即发生驰振。

从图 4-14 中可以看出，在风攻角 25°、30°、35°、50°、55°处，J4 覆冰斜拉索两种情况下的驰振力系数均出现负值，说明斜拉索处于不稳定状态，可能发生覆冰驰振。从图 4-15 中可以看出，在风攻角 45°、50°处，J9 覆冰斜拉索两种情况下的驰振力系数均出现负值，说明斜拉索处于不稳定状态，可能发生覆冰驰振。从图 4-14、图 4-15 中 J4、J9 覆冰斜拉索的驰振力系数随风攻角的波动情况看出，在 0°～60°风攻角之间，J4 覆冰斜拉索发生驰振的概率大于 J9 覆冰斜拉索，并且由于覆冰斜拉索模拟的风速较大，与覆冰直索相比，J4、J9 斜拉索气动力系数比较平稳，负驰振力系数绝对值较小，不易发生覆冰驰振。

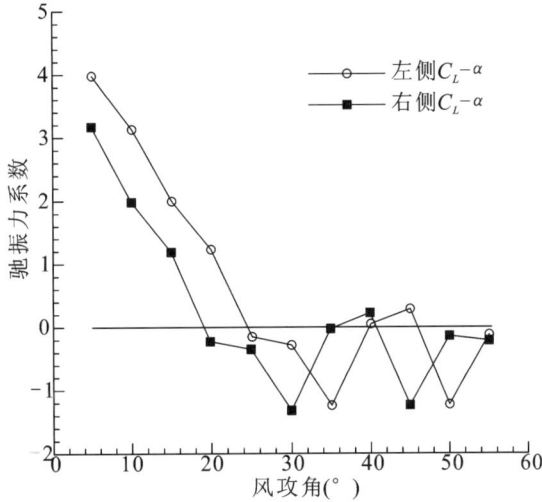

图 4-14　三维新月形覆冰斜拉索 J4 的驰振力系数（风速：20 m/s）

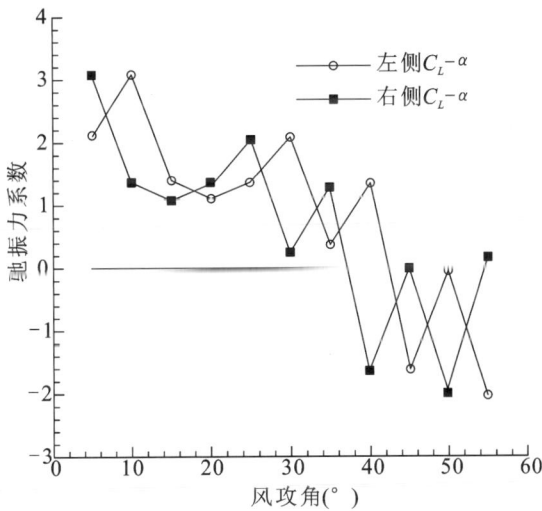

图 4-15　三维新月形覆冰斜拉索 J9 的驰振力系数（风速：20 m/s）

本章小结

在新月形覆冰直索数值模拟与驰振分析的基础上，本章考虑苏通大桥实际斜拉索的斜向角度和覆冰情况，建立 J4、J6、J9 新月形覆冰斜拉索模型并利用 FLUENT 软件对其进行数值模拟，获得 0°~60°以及典型风攻角下的气动力系数，计算出斜向斜拉索的驰振力系数，对其驰振稳定性进行研究，通过数值模拟结果分析得到如下结论：

（1）由于苏通大桥J4、J6、J9斜拉索模型是斜向的，其倾斜角度对网格划分有很大影响，网格划分时要有耐心。J4、J6、J9斜拉索网格划分仍采用外O形结构化网格，划分时注意边的关联和节点的对齐，确保O形网格关联均匀，适当加密边界层网格。

（2）由于斜拉索模型水平截面的不同，J6、J9覆冰斜拉索监控截面压力云图中尾流涡形状比J4覆冰斜拉索的尾流涡更大，负压力区域大，但是J6、J9覆冰斜拉索尾流涡旋中心区域的压力绝对值比J4覆冰斜拉索小。与J4覆冰斜拉索相比，J6、J9覆冰斜拉索监控截面速度云图中斜拉索背面低风速区域和侧面高速度区域较大。

（3）在0°～60°风攻角之间，由于J4、J9覆冰斜拉索考虑了实际工程中斜拉索的斜向角度以及模拟风速的不同，其阻力系数和升力系数峰值均比覆冰直索小。经过比较计算结果发现覆冰斜拉索的平均阻力系数随着斜拉索倾斜角度的减小而减小。

（4）在0°～60°风攻角之间，J4覆冰斜拉索发生驰振的概率大于J9覆冰斜拉索，并且由于覆冰斜拉索模拟的风速较大，与覆冰直索相比，J4、J9斜拉索气动力系数比较平稳，负驰振力系数绝对值较小，不易发生覆冰驰振。

5 三维扇形覆冰直索和斜拉索数值模拟

5.1 概述

在第 3、4 章中,分别对三维新月形覆冰直索和斜拉索进行了数值模拟以及驰振分析。由于覆冰受到各种因素的影响,使得覆冰类型多种多样,本章将继续针对直索和斜拉索的另外一种典型覆冰类型——扇形进行三维数值模拟,进一步判断覆冰拉索发生驰振的可能性,并与前两章的新月形覆冰拉索数据进行比较,为实际工程的研究提供更多的数据参考。

5.2 三维扇形覆冰拉索模型建立与数值模拟方法

本章覆冰拉索选取扇形冰型,拉索周围的流体流动区域设为长方体区域,长宽分别为 4.5 m 和 3 m,高度为拉索展向长度 600 mm,拉索模型图如图 5-1 所示。

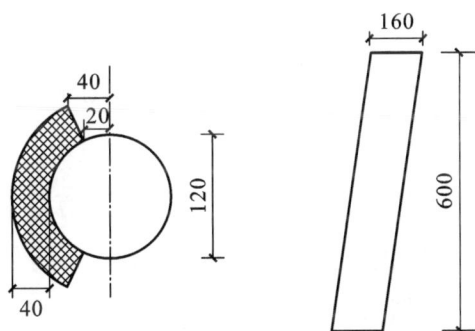

图 5-1 三维扇形覆冰拉索模型示意图(单位:mm)

拉索位于建模的坐标原点,距离上游流体入口为 1.5 m,距离下游流体出口为 3.0 m,距离左右流域壁面均为 1.5 m,图 5-2 所示为拉索二维平面流域图及三维模型图,图中 X 轴正方向为来流速度正方向,也即阻力正方向,Y 轴正方向为升力正方向，Z 轴为拉索的长度方向。

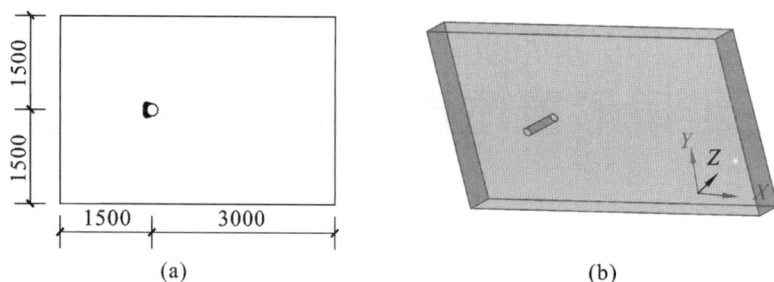

(a)　　　　　　　　　　　　(b)

图 5-2　三维扇形覆冰拉索计算区域尺寸及坐标（单位：mm）

（a）区域尺寸；（b）区域坐标

本章采用结构化网格对扇形覆冰拉索绕流区域进行网格划分，整体网格与局部网格划分如图 5-3 所示。

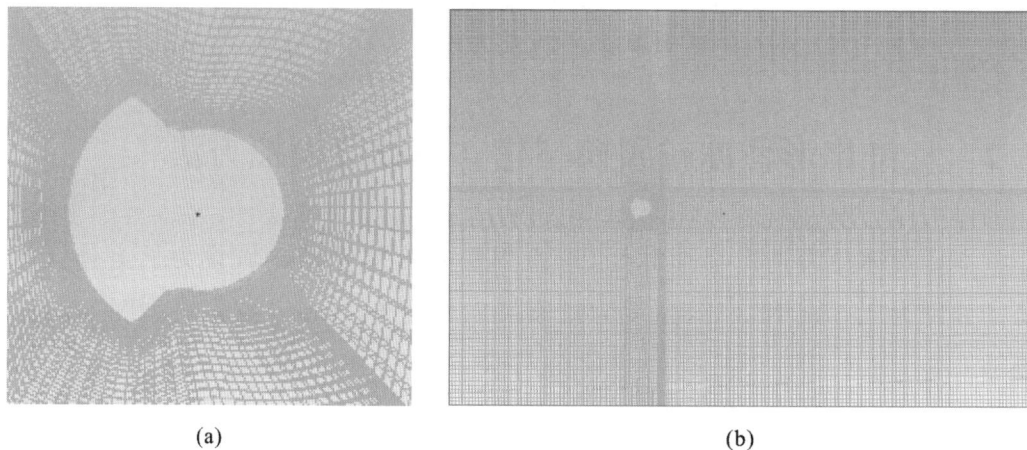

(a)　　　　　　　　　　　　(b)

图 5-3　三维扇形覆冰拉索网格划分

（a）局部网格；（b）整体网格

由于扇形覆冰两侧存在尖锐的角点，且为了计算的精度，本章对拉索周围 4 倍斜拉索截面面积区域内的网格进行加密处理，采用外 O 形网格划分技术，对拉索周围区域进行网格划分，边界层径向网格采用从外到内逐渐加密的方式，网格加密系数为 1.05，对边界层以外的网格没有进行加密处理，具体网格划分见图 5-3。

本章边界条件的定义：沿 X 轴正方向，定义上游流体为速度入口（Velocity inlet），定义下游流体出口为压力出口（Pressure outlet），定义拉索展向长度对应的上下壁面为对称边界（Symmetry），长方体左右两边定义为自由流动边界

（Free slip wall）。进口速度为12 m/s，湍流强度（Turbulent Intensity）设置为
3.8％，湍流黏性率（Turbulent Viscosity Ratio）设置为10。

在 FLUENT 求解软件中，设置方法同第 3 章。

对扇形覆冰单索驰振取 0°～180°风攻角进行模拟计算，每隔 5°风攻角建立
一个覆冰模型并进行网格划分，进行数值模拟，设置风速风向，得到每个计算风
攻角下的阻力系数与升力系数时程曲线，扇形覆冰拉索的典型风攻角示意图见
图 5-4。

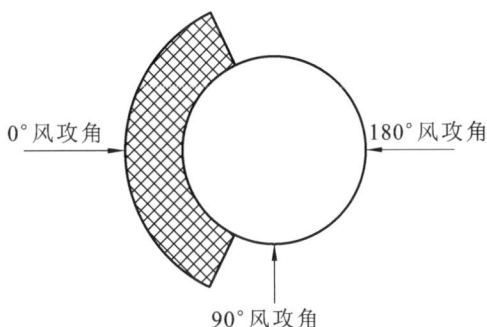

图 5-4　扇形覆冰拉索典型风攻角示意图

5.3　三维扇形覆冰拉索数值模拟结果

5.3.1　典型风攻角下三维扇形覆冰斜拉索流场分布

图 5-5～图 5-8 给出了典型风攻角 0°和 90°下直索和斜拉索的速度、压力云
图。计算结果表明，无论是直索还是斜拉索，拉索的迎风面和背风面速度都较

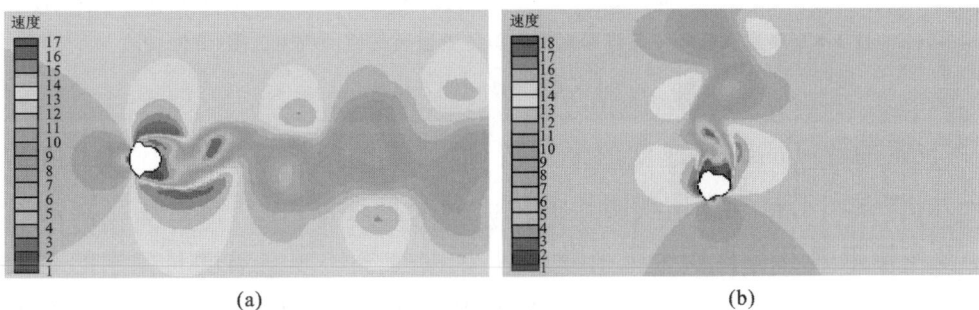

(a)　　　　　　　　　　　　　(b)

图 5-5　典型风攻角下三维扇形覆冰直索监控截面的速度云图（单位：m/s）

(a) 0°风攻角；(b) 90°风攻角

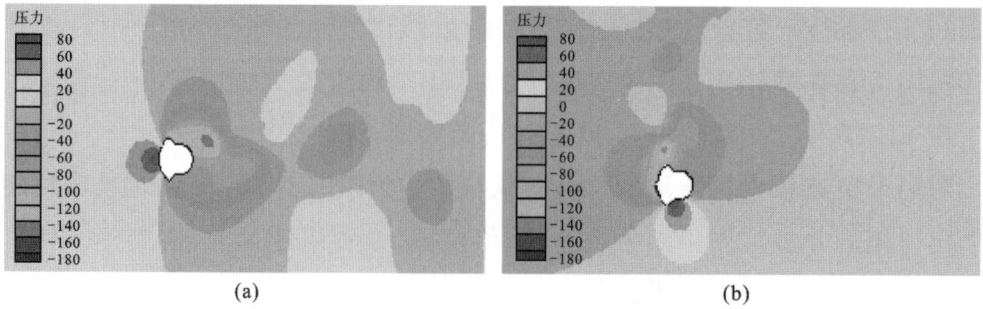

图 5-6　典型风攻角下三维扇形覆冰直索监控截面的压力云图（单位：Pa）

（a）0°风攻角；（b）90°风攻角

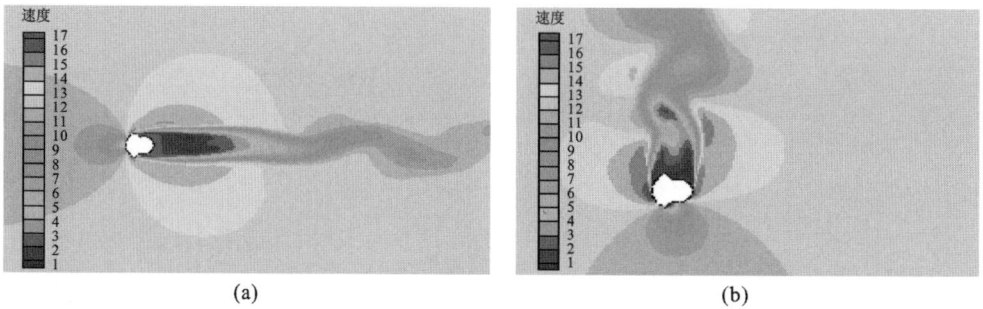

图 5-7　典型风攻角下三维扇形覆冰斜拉索监控截面的速度云图（单位：m/s）

（a）0°风攻角；（b）90°风攻角

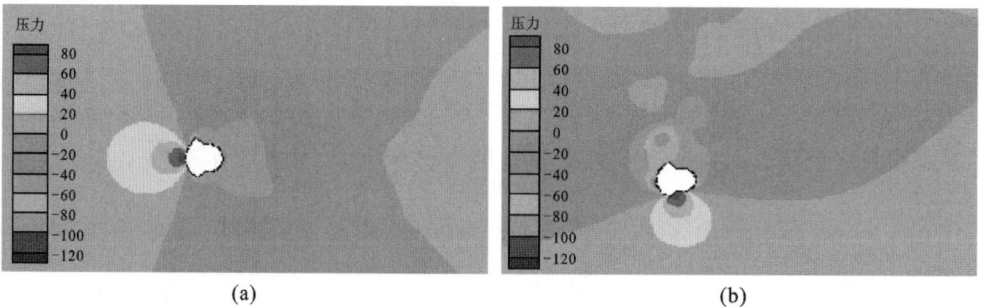

图 5-8　典型风攻角下三维扇形覆冰斜拉索监控截面的压力云图（单位：Pa）

（a）0°风攻角；（b）90°风攻角

小，在拉索的背风面出现速度的最小值，而拉索的两侧风速较大，最大值达到
17 m/s，直索和斜拉索都出现明显的尾流涡交替现象，但斜拉索尾流涡的速度
大小及发散形式都与直索有着细微差别，说明拉索的倾斜角度对拉索的驰振有
一定影响。从图 5-6、图 5-8 压力云图可以看出，在拉索的迎风面出现最大正
压，在拉索的背风面出现最大负压，0°直索出现了明显的尾流涡脱落现象，但 0°
斜拉索没有出现尾流涡脱落，同时拉索四周压力大小及分布形式都有着明显差

别,说明拉索的倾斜角度对拉索驰振影响很大,对于90°的直索和斜拉索存在类似0°的差别。对于不同的风攻角,速度和压力云图都存在较大差别,这说明,不同风攻角下的拉索气动力特性及驰振力特性均存在很大差异。

5.3.2　全攻角下三维扇形覆冰斜拉索的气动力系数

图 5-9 是利用 FLUENT 软件对扇形覆冰斜拉索模型进行三维模拟,得到的斜拉索 0°风攻角及 90°风攻角下的阻力系数和升力系数时程曲线。对比 0°风攻角与 90°风攻角下的阻力系数与升力系数时程曲线,可知,阻力系数随时间变化,到最后将趋于某一个稳定值,而升力系数始终在某一个值附近做周期性运动。阻力系数与斜拉索尾流域内涡旋的形成和脱落有关,在 0°风攻角时,阻力系数在 0.85 左右达到稳定,而升力系数在 0 附近呈周期性变化,且变化幅值随时间的推移慢慢减小;在 90°风攻角时,阻力系数在 0.8 附近稳定,与 0°风攻角相差不大,升力系数在 0.37 附近呈周期性变化。

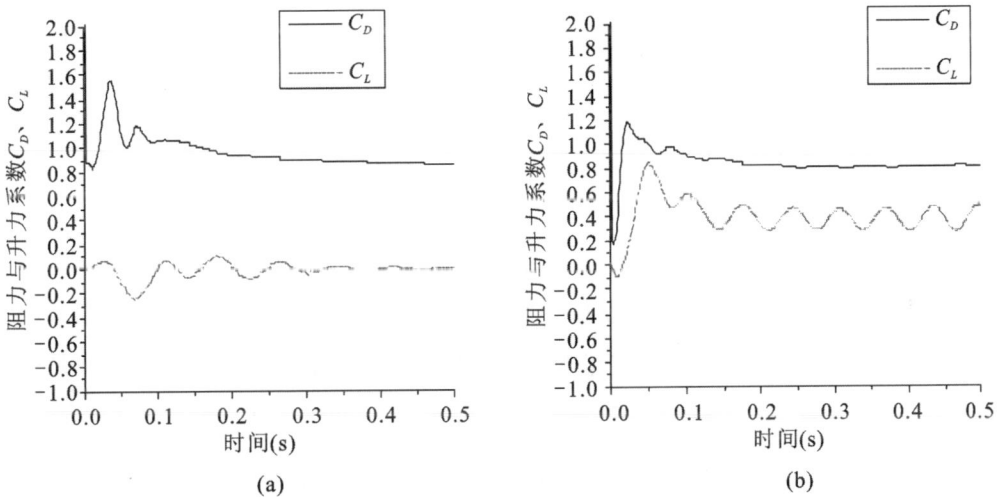

图 5-9　典型风攻角下三维扇形覆冰斜拉索的阻力系数和升力系数时程曲线(风速:12 m/s)

(a) 0°风攻角;(b) 90°风攻角

通过对直索及斜拉索 0°～180°各模拟计算风攻角下的阻力系数和升力系数取平均值,得到各离散风攻角所对应的平均阻力系数与平均升力系数,将各离散点对应的值用光滑曲线连接,结果见图 5-10 及图 5-11。对比图 5-10 及图 5-11 可以发现,扇形覆冰直索与扇形覆冰斜拉索的气动力系数呈现相似的曲线状态,说明斜拉索的倾斜角度对斜拉索的气动力存在一定影响,斜拉索倾斜角度会改变斜拉索气动力的大小,但不会改变气动力变化的大致趋势。由

图 5-10、图 5-11 可见,覆冰直索平均阻力系数曲线呈两端高中间低的形状,在 130°和 170°风攻角区域出现最大值,约为 2.08,在 40°~100°风攻角之间区域,数值相对较低,约为 0.8,覆冰斜拉索的平均阻力系数与覆冰直索相比,变化比较平缓但大致趋势相同,最大值约为1.25,最小值约为 0.65。直索与斜拉索的平均升力系数则呈现两端低中间高的状态,升力系数在 0°~40°风攻角之间在 0 附近波动,直索在 50°风攻角附近上升到 0.5 左右,在 150°风攻角达到最大的负峰值,约为 -1.5,在 0°和 180°风攻角升力系数均接近于 0,斜拉索在 55°风攻角附近上升到 0.4 左右,在 160°风攻角达到最大的负峰值,约为 -1.2。

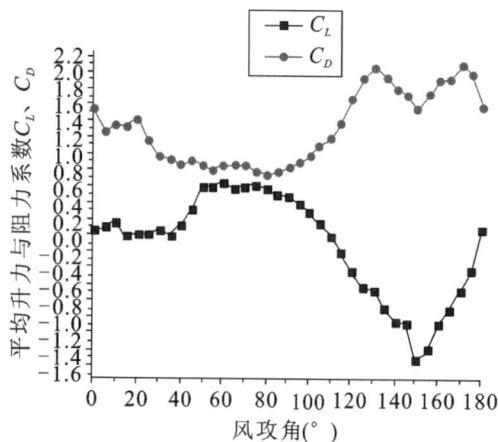

图 5-10 覆冰直索的气动力系数　　**图 5-11** 覆冰斜拉索的气动力系数

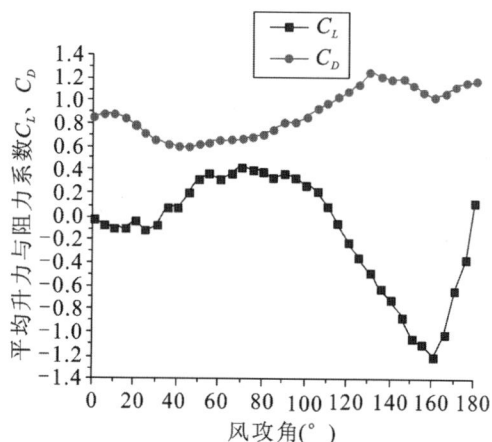

　　将图 5-10 和图 5-11 的气动力系数和李寿英等[1]的扇形覆冰斜拉索风洞试验气动力系数值做对比,发现三维模拟与风洞试验得到的气动力系数曲线变化规律基本一致,但三维模拟得出的气动力系数变化曲线较风洞试验得出的数据曲线平缓,一方面验证了三维数值模拟的正确性,另一方面说明,三维模拟与风洞试验得出的结果存在一定的差异。三维模拟计算得出的平均阻力系数的最大及最小峰值都大于试验数据对应的峰值,三维模拟计算得出的平均升力系数最大正峰值小于试验数值,而最大负峰值大于试验数值。

5.3.3 全攻角下三维扇形覆冰斜拉索的驰振力系数

　　本章与第 3 章相同,运用式(3-3),计算得到平均升力系数随风攻角变化曲线的斜率值与相应平均阻力系数的矢量和,即驰振力系数,根据驰振力系数是否小于 0,可判断拉索是否处于不稳定状态。对直索及斜拉索的计算结果如图

5-12 及图 5-13 所示,从图 5-12 及图 5-13 中可以看出,本章所研究的扇形覆冰直索及斜拉索模型,其对应的驰振力系数均大于 0,说明在本章工况下,扇形覆冰直索与斜拉索均处于稳定状态,发生驰振的可能性较小。

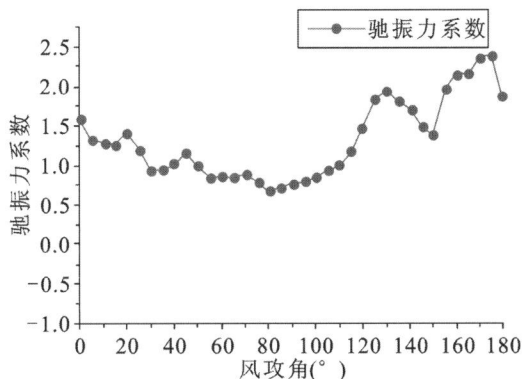

图 5-12　覆冰直索的驰振力系数　　　图 5-13　覆冰斜拉索的驰振力系数

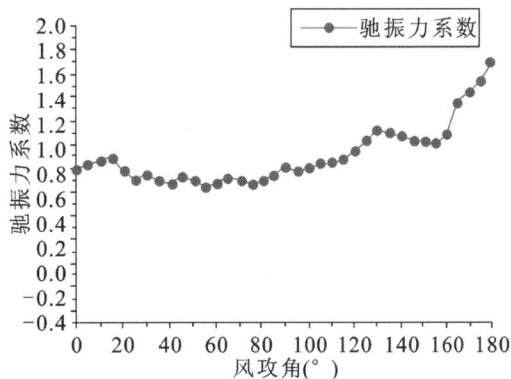

本章小结

本章通过建立三维扇形覆冰直索及斜拉索模型,对其进行网格划分,再导入到 FLUENT 软件中进行数值模拟计算,得到扇形覆冰斜拉索的升力系数和阻力系数时程曲线,通过计算得到气动力系数及驰振力系数,对本章模拟结果进行归纳总结,可得:

(1)边界层网格划分质量对数值模拟影响较大,对三维覆冰直索及斜拉索周围采用外 O 形结构化网格,网格径向增长系数采用 1.05,能够满足数值模拟计算的要求。若想增加计算精度及时间允许,可适当增加边界层网格数量。

(2)监控直索及斜拉索典型风向角 0°及 90°截面的流场分布,发现直索与斜拉索的速度云图及压力云图均存在较大差别,说明倾斜角度对覆冰斜拉索的驰振产生一定影响。

(3)从直索与斜拉索的平均阻力与升力系数变化曲线可以看出,覆冰斜拉索的平均阻力与升力系数曲线呈现和直索相似的形状,但斜拉索的平均气动力系数变化比较平缓,说明倾斜角度会改变驰振气动力系数的大小,但不会影响气动力改变的大致趋势,且与风洞试验气动力系数做对比,发现三维模拟与风洞试验平均气动力曲线变化规律一致,说明了三维数值模拟方法的正确性。

(4)在本章分析的扇形覆冰单索风致振动中,计算得到的单索的驰振力系数都大于 0，即单索不发生驰振。采用相同的数值模拟方式，由第 3 章、第 4 章可知，新月形覆冰斜拉索的驰振最小临界风速为 7.9 m/s。由于扇形覆冰斜拉索表面存在尖锐的覆冰角点，在这些角点处往往产生气流的分离，使得扇形覆冰斜拉索的尾流与新月形覆冰斜拉索尾流产生较大的不同，进而导致了覆冰斜拉索气动力的差异，由此可知，覆冰形状及覆冰厚度对斜拉索的驰振具有较大的影响。

参 考 文 献

[1] 李寿英,黄韬,叶继红.覆冰斜拉索驰振稳定性的理论研究[J].振动与冲击,2013,32(1):122-127.

6 三维变截面新月形覆冰直索数值模拟

6.1 概述

在第 3 章,通过对三维新月形覆冰直索数值模拟,获得了其气动力参数、驰振力系数以及驰振临界风速,研究出等截面覆冰直索具有发生驰振的可能性,本章仍采用 SST k-ω 湍流模型,对三维变截面新月形覆冰直索的绕流场进行数值模拟,研究涡旋脱落形式、阻力系数和升力系数、全攻角下的驰振力系数,进一步判断变截面覆冰直索发生驰振的可能性,并与第 3 章等截面覆冰直索数据进行比较。

6.2 三维变截面新月形覆冰直索模型建立与数值模拟方法

变截面覆冰直索的冰型采用新月形,拉索直径为 120 mm,覆冰最大厚度为 70 mm,最小厚度为 30 mm,由于计算机资源有限,拉索模型展向长度取为 600 mm,其模型外形尺寸见图 6-1。流域采用矩形区域,由于变截面覆冰直索的边界层网格需要划分较细,网格数量较多,为了节省计算机资源,适当减小流域尺寸,模拟后比较发现其对计算数据无影响,因此计算区域的大小取为 3.0 m×4.5 m,拉索的中心放置于原点处,距离上游流体入口为 1.5 m,距离下游流体出口为 3.0 m,距离左右流域壁面均为 1.5 m,如图 6-2 所示,图中 X 轴正方向为速度来流方向,来流方向逆时针转动 90°为 Y 轴正方向,Z 轴为拉索的长度方向。

为了细化分析变截面拉索展向不同位置处的阻力系数和升力系数,把模型展向划分为六段,每节段的展向长度为 100 mm,监控节段展向布置详见图 6-3,节段从上到下分别定义为节段 1、节段 2、节段 3、节段 4、节段 5、节段 6。

三维变截面新月形覆冰直索流域网格划分、边界条件定义以及计算方法的

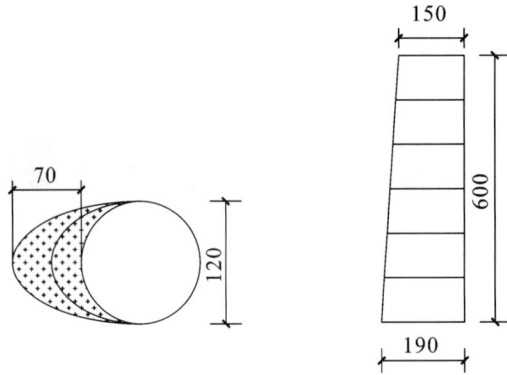

图 6-1 三维变截面新月形覆冰直索模型示意图(单位:mm)

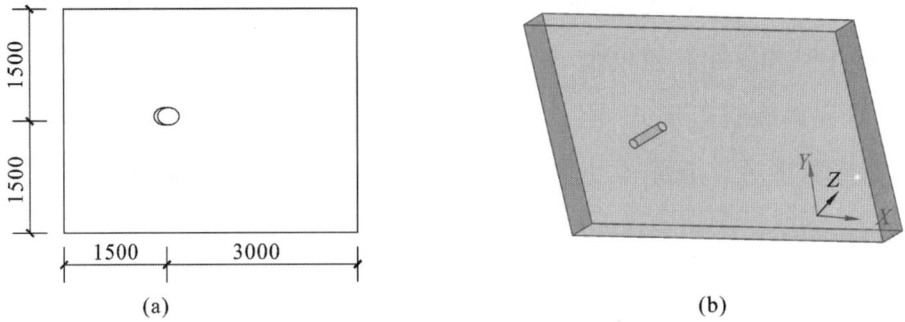

(a)   (b)

图 6-2 三维变截面新月形覆冰直索计算区域尺寸及坐标(单位:mm)

(a) 区域尺寸;(b) 区域坐标

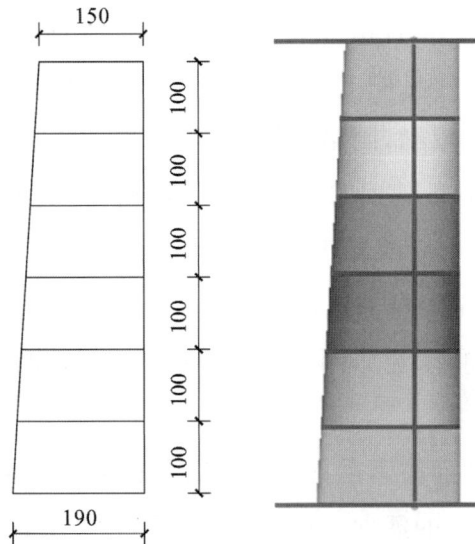

图 6-3 三维变截面新月形覆冰直索监控节段布置示意图(单位:mm)

选取与第 3 章等截面新月形覆冰直索工况一致,网格划分见图 6-4,由于覆冰截面为变截面,对网格划分有一定的影响,加大了网格划分难度,划分网格时边界层网格需要划分得更细致,确保外 O 形网格划分均匀,使模拟计算达到收敛。

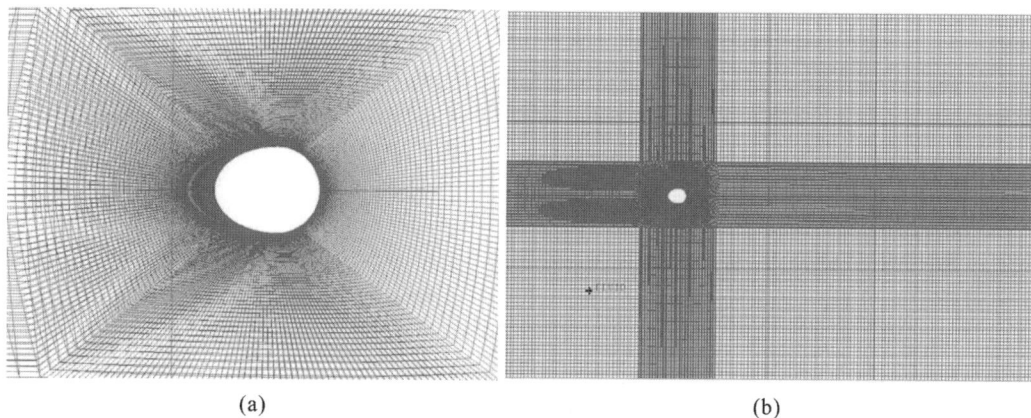

(a)   (b)

图 6-4　三维变截面新月形覆冰直索网格划分

(a) 局部网格;(b) 整体网格

本章边界条件定义同第 3 章,流域进口速度(Velocity)为 16 m/s,湍流强度(Turbulent Intensity)设置为 3.6%。

模拟计算时仍取 5°风攻角递增,针对每一工况进行建模、划分网格、FLUENT 求解器设置,风攻角以及升力系数、阻力系数方向同第 3 章。

6.3　三维变截面新月形覆冰直索数值模拟结果

6.3.1　90°风攻角下三维变截面新月形覆冰直索流场分布

为了分析变截面覆冰直索展向不同位置处的表面风压云图以及流场速度分布,取模型展向六个监控截面,监控截面分别为 $Z=100$ mm、$Z=200$ mm、$Z=300$ mm、$Z=400$ mm、$Z=500$ mm、$Y=0$ mm。

图 6-5 给出了同一时刻 90°风攻角下三维变截面新月形覆冰直索各个监控截面的压力云图,从图中可以看出不同截面脱落涡旋大小和压力值有着很大差别,由于覆冰厚度沿拉索高度不同,与等截面新月形覆冰直索的压力云图相比,每个截面的尾流涡旋脱落散发形式有着明显的区别,从图 6-5(f)中看出拉索前方的展向方向压力值较均匀,拉索后方的展向方向压力值相差较大,靠近拉索

处压力均为负值,拉索展向方向后方中间部位的压力绝对值较大,拉索后方两端部位压力绝对值较大,展向明显的压力值差说明拉索展向方向必有空气流动,空间变截面覆冰拉索绕流场具有明显的三维流动特性。

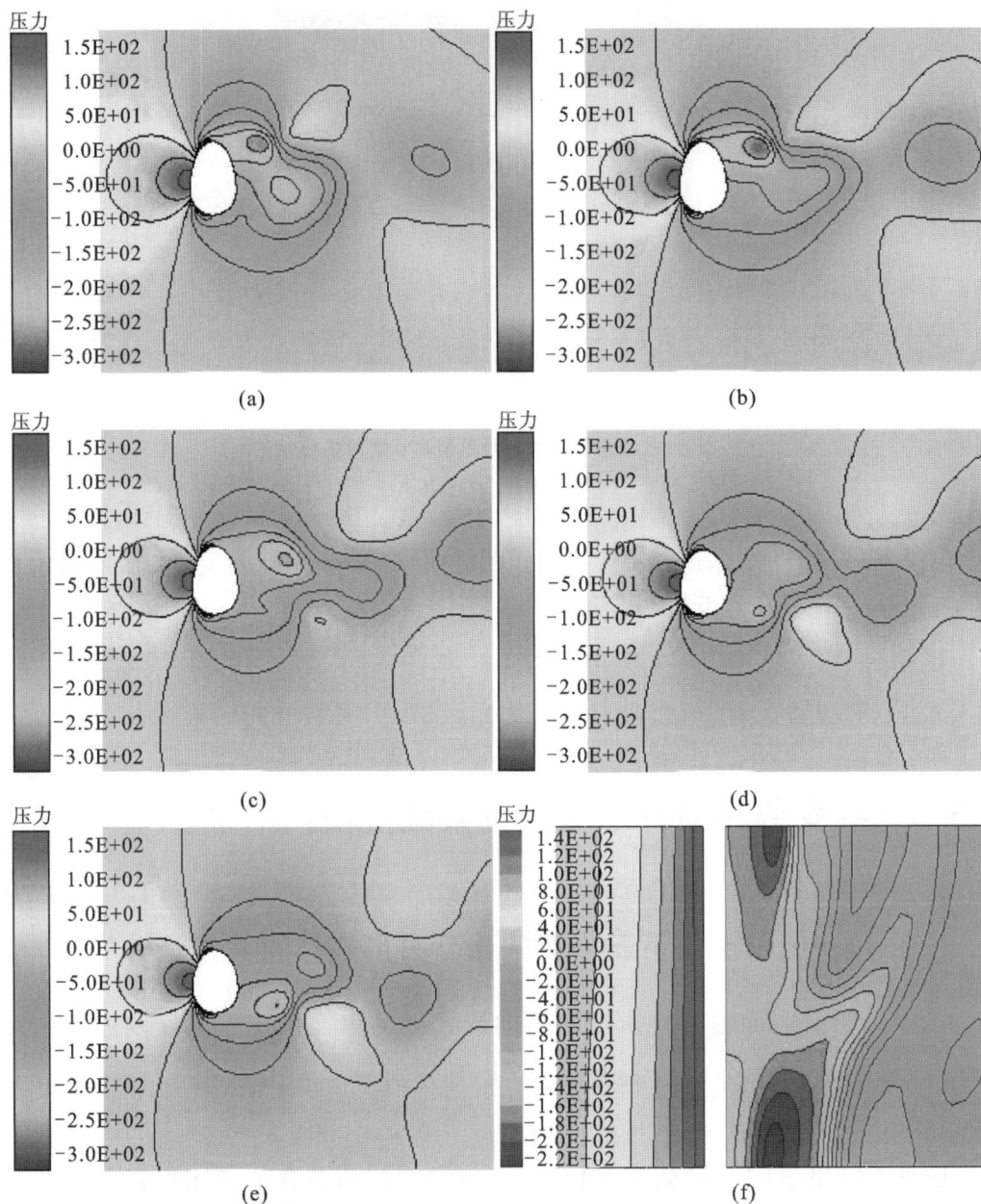

(a)

(b)

(c)

(d)

(e)

(f)

图 6-5　90°风攻角下三维变截面新月形覆冰直索监控截面的压力云图(单位:Pa)

(a) $Z=100$ mm;(b) $Z=200$ mm(c) $Z=300$ mm;(d) $Z=400$ mm(e) $Z=500$ mm;(f) $Y=0$ mm

图 6-6 所示为同一时刻 90°风攻角下三维变截面新月形覆冰直索各个监控

截面的速度云图,从图中可以看出拉索迎风面和背风面形成的涡旋区域速度很小,拉索侧面形成的涡旋区域速度较大,并且各个监控截面的尾流涡旋分布存在明显的相位差。从速度云图中看出在 $Z=100$ mm 高度截面处模型后方上半

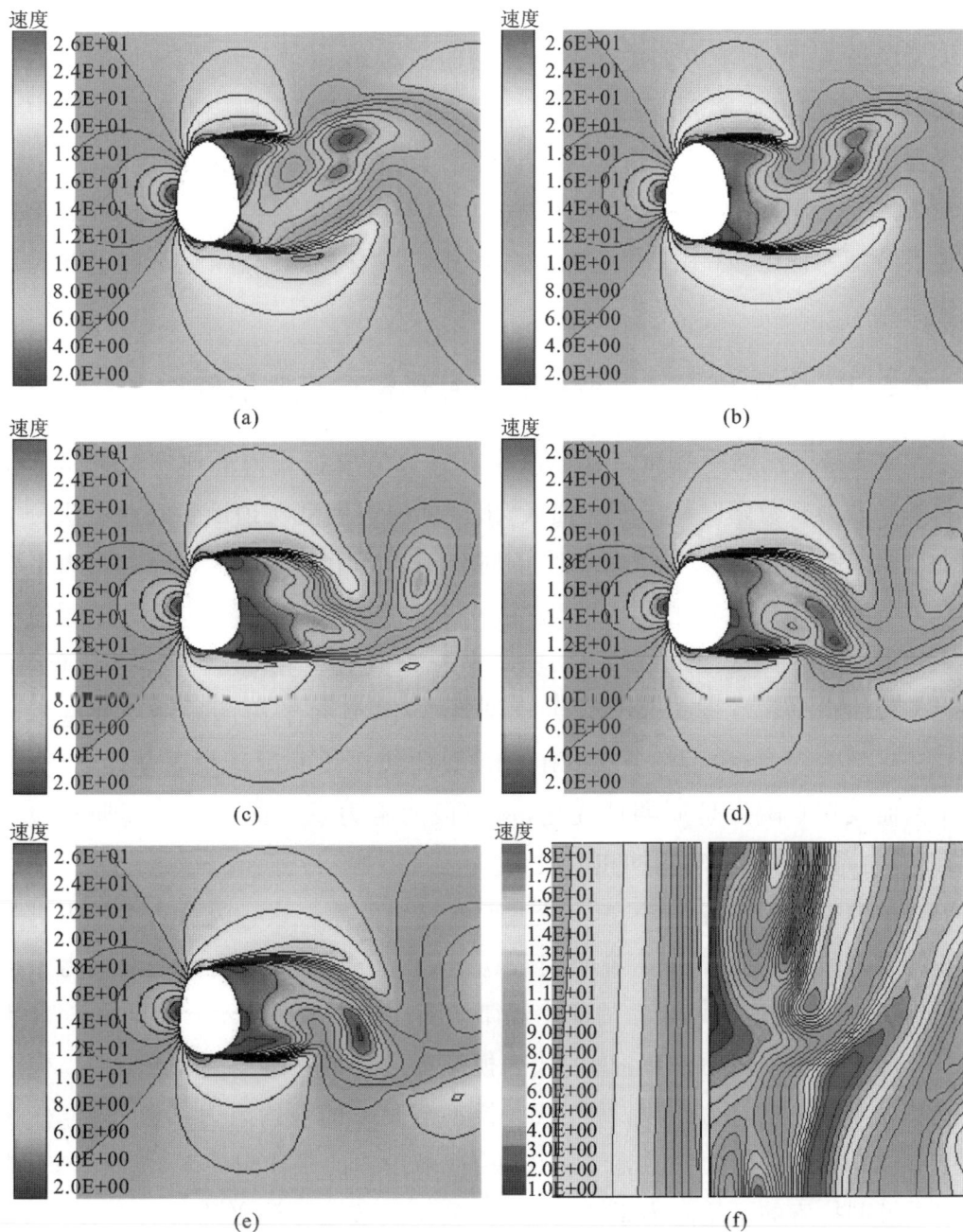

图 6-6　90°风攻角下三维变截面新月形覆冰直索监控截面的速度云图(单位:m/s)

(a) $Z=100$ mm;(b) $Z=200$ mm;(c) $Z=300$ mm;(d) $Z=400$ mm;(e) $Z=500$ mm;(f) $Y=0$ mm

部位形成一个尾流涡并开始脱落,模型下方部分流动速度比较大,上方仅有一小部分为高速度区;在 $Z=200$ mm 高度截面处,模型后方的尾流涡即将脱落,模型下方涡旋的流动速度逐渐减小,上方涡旋的速度有细微的增大;在 $Z=300$ mm 高度截面处,模型后方的尾流涡完全脱落,脱离的尾流涡中心区域速度有明显的增大,模型下方涡旋的流动速度明显减小,上方涡旋的速度有明显的增大,涡旋区域也在增大;在 $Z=400$ mm 高度截面处,模型后方下半部位形成一个尾流涡,模型上方的高速度区域仍在增大;在 $Z=500$ mm 高度截面处,模型形成的尾流涡又开始脱落。从图 6-6(f) 中可以看出在拉索后方较远处出现了速度特别大的区域(图中深色区域),若此区域有拉索存在,很可能引起拉索尾流驰振。

6.3.2 全攻角下三维变截面新月形覆冰直索的气动力系数

图 6-7 是由三维变截面新月形覆冰直索数值模拟获得的典型风攻角时阻力系数和升力系数随时间的变化曲线,由于把拉索模型从顶面到底面依次分为六个节段,在阻力系数和升力系数监测时分别监测了每节段相对应的阻力系数和升力系数。在 0°风攻角时,随着稳定涡街和涡旋脱落的形成,与等截面覆冰直索类似,拉索每节段的阻力系数均达到稳定,其数值在 0.41~0.44 之间,而升力系数曲线仍在 0 附近呈稳定的周期性变化,且每节段的波动周期基本同步;在 90°风攻角时,拉索每节段的阻力系数曲线在 1.0 附近呈周期性变化,升力系数曲线在 0 附近呈周期性变化,每节段的阻力系数曲线波动周期相差不大,而升力系数曲线波动周期相差较大。

通过模拟得到 16 m/s 风速下变截面新月形覆冰直索各风攻角下的阻力系数和升力系数时程曲线,进而获得时程稳定后六个节段的阻力系数和升力系数的平均值,其平均值随风攻角的变化规律如图 6-8、图 6-9 所示。图中 1-C_D 代表模型节段 1 的平均阻力系数,2-C_D 代表模型节段 2 的平均阻力系数,3-C_D 代表模型节段 3 的平均阻力系数,4-C_D 代表模型节段 4 的平均阻力系数,5-C_D 代表模型节段 5 的平均阻力系数,6-C_D 代表模型节段 6 的平均阻力系数,全索 C_D 代表整根模型拉索的平均阻力系数;1-C_L 代表模型节段 1 的平均升力系数,2-C_L 代表模型节段 2 的平均升力系数,3-C_L 代表模型节段 3 的平均升力系数,4-C_L 代表模型节段 4 的平均升力系数,5-C_L 代表模型节段 5 的平均升力系数,6-C_L 代表模型节段 6 的平均升力系数,全索 C_L 代表整根模型拉索的平均升力系数。

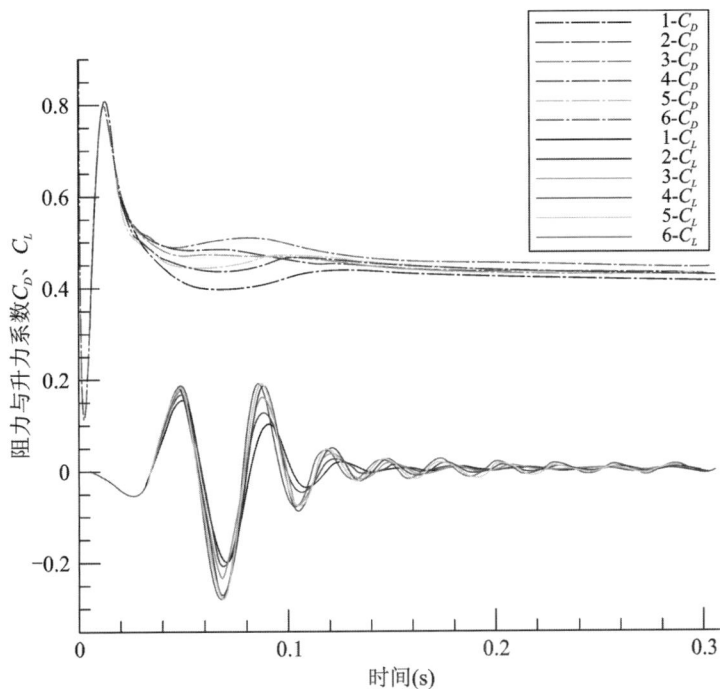

(a)

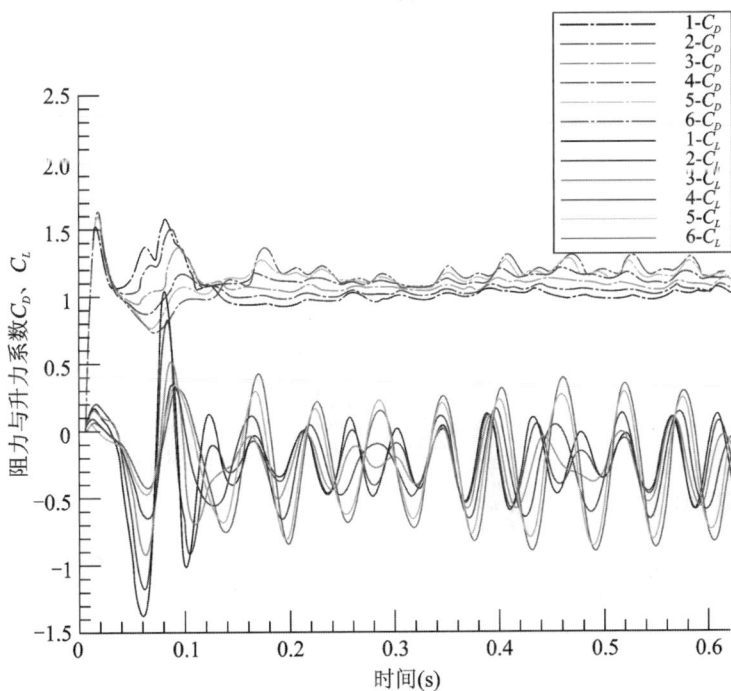

(b)

图 6-7 三维变截面新月形覆冰直索各节段典型风攻角下的阻力系数和升力系数时程曲线（风速：16 m/s）

（a）0°风攻角；（b）90°风攻角

　　图 6-8 中平均阻力系数沿风攻角变化趋势与三维等截面新月形覆冰直索的平均阻力系数变化趋势一致,也呈两端低、中间高的形状,其中最大阻力系数为 1.52,最小阻力系数为 0.31,70°～140°风攻角之间的平均阻力系数波动相对比较大,比等截面覆冰直索的阻力系数波动更大。图中模型各节段的平均阻力系数的变化趋势比较一致,在 0°～45°风攻角之间,各节段的平均阻力系数比较接近,相差很小;在 50°～140°风攻角之间,各节段的平均阻力系数相差很大,节段 1 的平均阻力系数较小,节段 6 的平均阻力系数较大,说明在此风攻角范围内,随着拉索各个节段覆冰厚度的增大,拉索相应的平均阻力系数逐渐增大;在 145°～160°风攻角之间,各节段的平均阻力系数相差特别小,在 155°、160°风攻角处,各节段的平均阻力系数几乎相同;在 165°～180°风攻角之间,各节段的平均阻力系数相差较大,节段 1 的平均阻力系数较大,节段 6 的平均阻力系数较小,说明在此风攻角范围内,随着拉索各个节段覆冰厚度的增大,拉索相应的平均阻力系数逐渐减小,与 50°～140°风攻角各节段的平均阻力系数变化趋势刚好相反。全索的平均阻力系数曲线处于各节段平均阻力系数曲线的中间位置,变截面新月形覆冰直索的平均阻力系数峰值小于等截面新月形覆冰直索的平均阻力系数峰值。

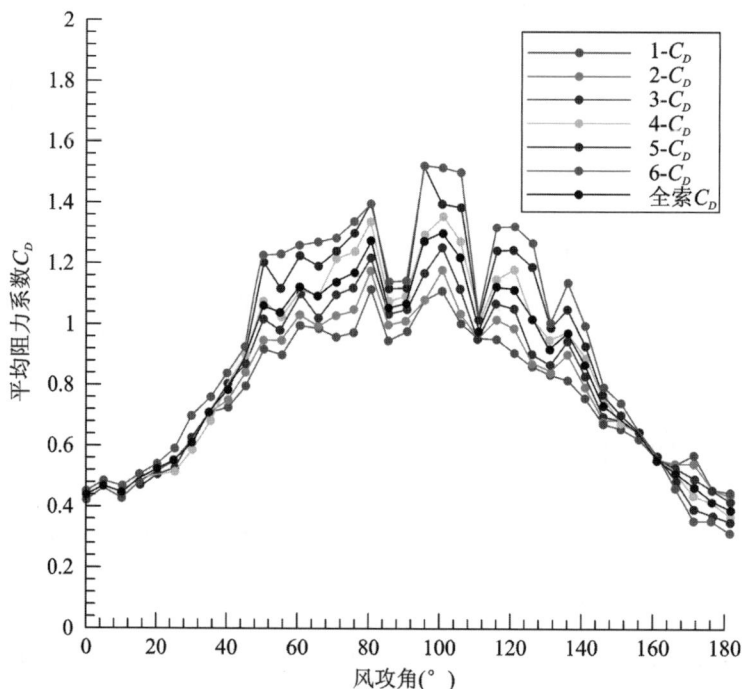

图 6-8　三维变截面新月形覆冰直索的平均阻力系数(风速:16 m/s)

图 6-9 中变截面新月形覆冰直索的平均升力系数沿风攻角变化趋势也与等截面新月形覆冰直索的平均升力系数变化趋势一致,曲线呈现"M"状,两侧各有一尖峰,各尖峰处节段 1 的平均升力系数较小,节段 6 的平均升力系数较大,说明在此处拉索各个节段的平均升力系数随着覆冰厚度的增大而增大,在 0°～60°风攻角之间,各节段平均升力系数均呈现此种情况。在 20°风攻角左右范围内,各节段的平均升力系数相差较大,最大值为 1.37,最小值为 0.72。与等截面覆冰直索的平均升力系数相比,变截面覆冰直索的平均升力系数曲线波动较大,但各节段的曲线波动趋势比较一致。全索的平均升力系数曲线处于各节段平均升力系数曲线的中间位置,由于覆冰形状和风速的不同,在尖峰处变截面覆冰全索的平均升力系数略大于等截面覆冰直索的平均升力系数。

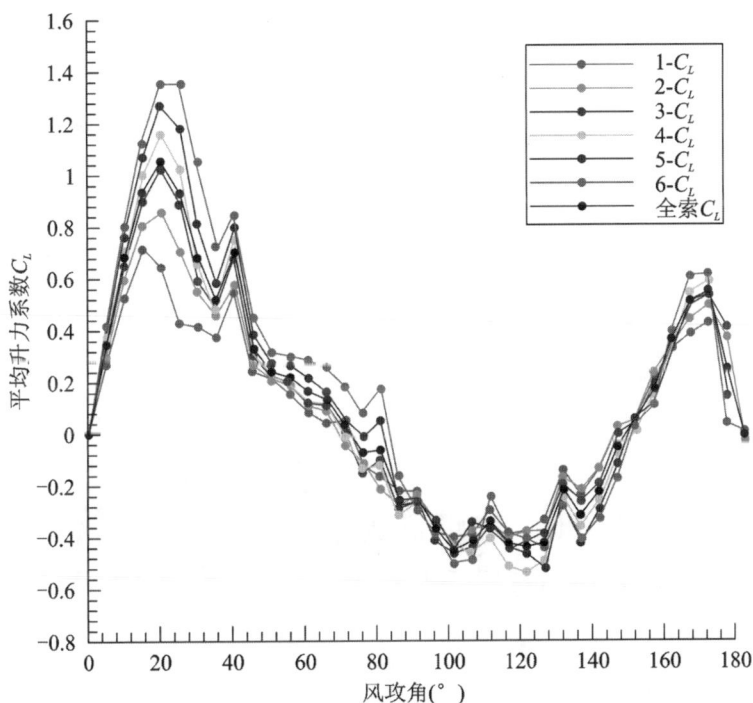

图 6-9　三维变截面新月形覆冰直索的平均升力系数(风速:16 m/s)

6.3.3　全攻角下三维变截面新月形覆冰直索的驰振力系数

为了判断变截面覆冰直索发生驰振的可能性,与第 3 章等截面覆冰直索一样,运用式(3-3)计算得到平均升力系数随风攻角变化曲线的斜率值与相应平均阻力系数的矢量和,即驰振力系数。经过计算,将两种情况下变截面覆冰直索各节段及全索随风攻角变化的驰振力系数列于图 6-10、图 6-11 中,当某风攻角处左侧升力系数曲线斜率和右侧升力系数曲线斜率分别对应的驰振力系数同时小于 0 时,才认为某节段拉索或者全索处于不稳定状态,即发生驰振,从图 6-10、图 6-11 中看出各节段以及全索两种情况下的驰振力系数随风攻角的变化趋势比较一致,但每个风攻角对应的具体数据相差较大。经过整理,变截面覆冰直索各节段及整根模型拉索可能发生驰振的风攻角汇总见表 6-1,在表中列出的各节段各风攻角处,仅仅表示此节段处于不稳定状态;在表中列出的全索各风攻角处,表示整根拉索处于不稳定状态,易发生覆冰驰振。从表 6-1 中可以看出,在 25°、30°、45°、175°风攻角处,整根模型拉索左侧曲线斜率和右侧曲线斜率分别对应的驰振力系数均为负值。各个节段对应于驰振力系数小于 0 的风攻角有所不同,各节段在 175°风攻角处两种情况下的驰振力系数均小于 0,节段 2 至节段 6 在 30°风攻角处两种情况下的驰振力系数均小于 0,节段 2 至节段 5 在 25°风攻角处两种情况下的驰振力系数也均小于 0,说明变截面新月形覆冰直索在 25°、30°、175°三个风攻角处处于不稳定状态,很容易发生覆冰驰振。

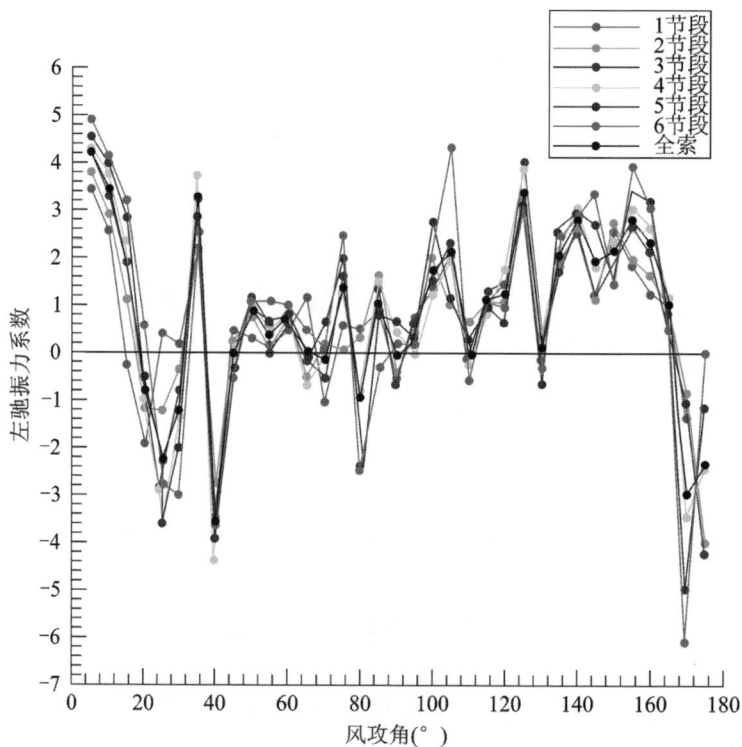

图 6-10　三维变截面新月形覆冰直索左侧曲线斜率对应的驰振力系数(风速:16 m/s)

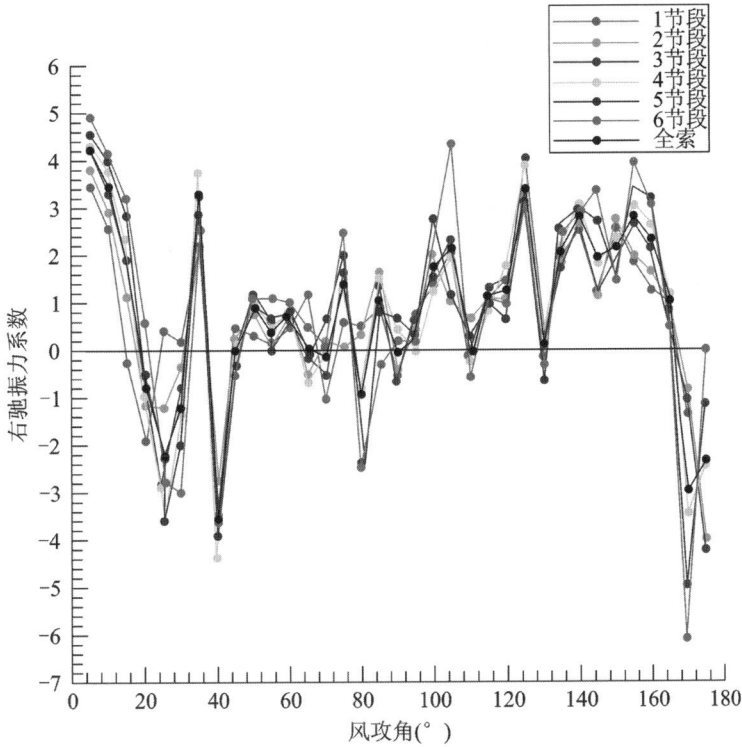

图 6-11　三维变截面新月形覆冰直索右侧曲线斜率对应的驰振力系数(风速:16 m/s)

表 6-1　各节段及全索两种情况下驰振力系数均小于 0 的风攻角

各节段及全索	风攻角(°)					
节段 1	20°					175°
节段 2		25°	30°			175°
节段 3		25°	30°	45°	70°	175°
节段 4		25°	30°		70°	175°
节段 5		25°	30°	45°		175°
节段 6			30°	45°	85°	175°
全索		25°	30°	45°		175°

本章小结

在第 3 章三维等截面新月形覆冰直索数值模拟与驰振研究的基础上,本章建立三维变截面新月形覆冰直索模型并利用 FLUENT 软件对其进行数值模拟,得到了三维变截面新月形覆冰直索各节段及全索的气动力参数和驰振力系

数,对其驰振稳定性进行研究,通过数值模拟结果分析得到如下结论:

（1）变截面新月形覆冰直索模拟稳定后,各个监控截面的压力云图差别较大,每个截面的涡旋脱落散发形式有着明显区别,三维变截面新月形覆冰直索绕流场具有明显的三维流动特性;而从速度云图上看出,各个监控截面的尾流涡旋分布存在明显的相位差,并发现在拉索后方较远处有速度特别大的涡旋存在。

（2）在 0°风攻角时,变截面新月形覆冰直索各个节段的阻力系数和升力系数时程曲线的波动周期基本同步;在 90°风攻角时,虽然阻力系数和升力系数曲线呈周期性稳定变化,但每节段的升力系数曲线波动周期相差较大。

（3）变截面新月形覆冰直索的气动力系数沿风攻角变化趋势与等截面新月形覆冰直索的气动力系数变化趋势一致。变截面新月形覆冰直索在 50°～140°风攻角之间,各节段的平均阻力系数随着覆冰厚度的增大而增大,而在 165°～180°风攻角之间,平均阻力系数变化趋势则刚好相反,变截面新月形覆冰直索的阻力系数峰值小于等截面新月形覆冰直索的阻力系数峰值。在 0°～60°风攻角之间,拉索各节段的平均升力系数随着覆冰厚度的增大而增大,并且在尖峰处变截面新月形覆冰全索的平均升力系数略大于等截面新月形覆冰直索的平均升力系数。

（4）通过计算,三维变截面新月形覆冰直索在 25°、30°、45°、175°风攻角处,直索左侧升力系数曲线斜率和右侧升力系数曲线斜率分别对应的驰振力系数均为负值,说明直索处于不稳定状态,具有发生覆冰驰振的可能性,并且直索各个节段对应于两种情况下的驰振力系数小于 0 的风攻角有所不同。

7 三维变截面新月形覆冰斜拉索数值模拟

7.1 概述

在前几章中,研究出等截面新月形覆冰直索、等截面新月形覆冰斜拉索以及变截面新月形覆冰直索有发生驰振的可能性,本章将继续采用 SST k-ω 湍流模型,对三维变截面新月形覆冰斜拉索的绕流场进行数值模拟,研究涡旋脱落形式、阻力系数和升力系数、全攻角下的驰振力系数,进一步判断变截面新月形覆冰斜拉索发生驰振的可能性,更加完善新月形覆冰斜拉索的研究数据。

7.2 三维变截面新月形覆冰斜拉索模型建立与数值模拟方法

变截面覆冰斜拉索选取新月形冰型,斜拉索直径为 120 mm,覆冰最小厚度为 30 mm,覆冰最大厚度为 60 mm,中间均匀变化,斜拉索倾斜角度为 70°,展向长度取 600 mm,斜拉索 600 mm 的展向长度大于 π 倍其直径。设置 5 个监控截面,分别在高度为 100 mm、200 mm、300 mm、400 mm、500 mm 处。两端不设置监控截面,是希望尽量减少壁面效应的影响。模型尺寸如图 7-1 所示。计算流域采用长方体,长为 4.5 m,宽 3.0 m,高 0.6 m。计算流域上游入口距离斜拉索底面圆心 1.5 m,计算流域下游出口距离斜拉索底面圆心 3.0 m,左侧壁面和右侧壁面距离斜拉索底面圆心均为 1.5 m,见图 7-2。

在划分网格时,将整个计算流域划分为 9 个区域,对中间有斜拉索的区域进行外 O 形剖分,经过多次的模拟试算,首层网格厚度设为 0.4,径向增长系数设为 1.05,网格由疏到密,保证了边界层监控的气动力数据的正确性。网格划分见图 7-3。

本章边界条件定义同第 3 章,流域进口速度(Velocity)为 12 m/s,湍流强度(Turbulent Intensity)为 3.8%,湍流黏性率(Turbulent Viscosity Ratio)为 10。

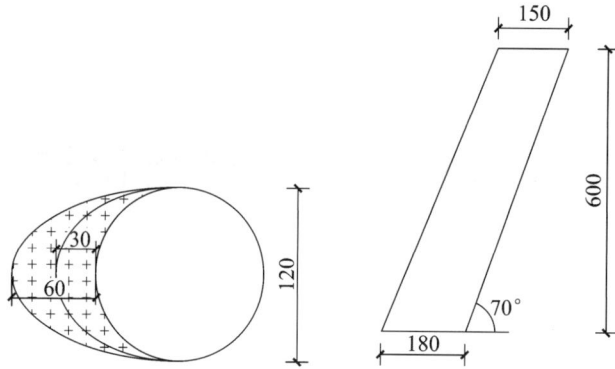

图 7-1 三维变截面新月形覆冰斜拉索模型示意图(单位：mm)

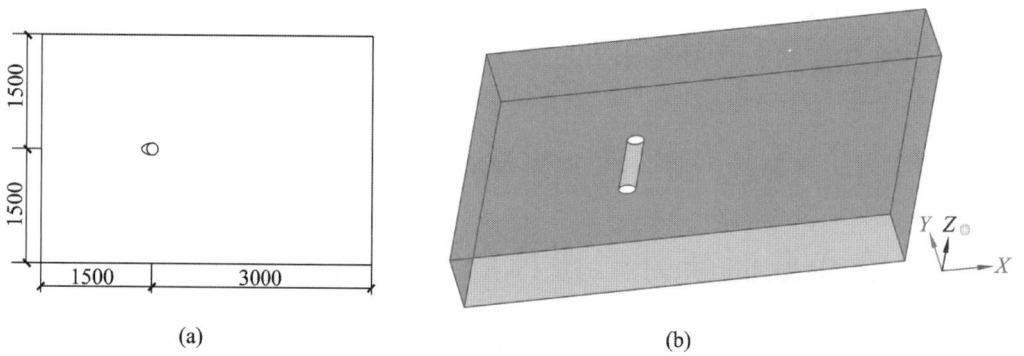

(a) (b)

图 7-2 三维变截面新月形覆冰斜拉索计算区域尺寸及坐标(单位：mm)

(a)区域尺寸;(b)区域坐标

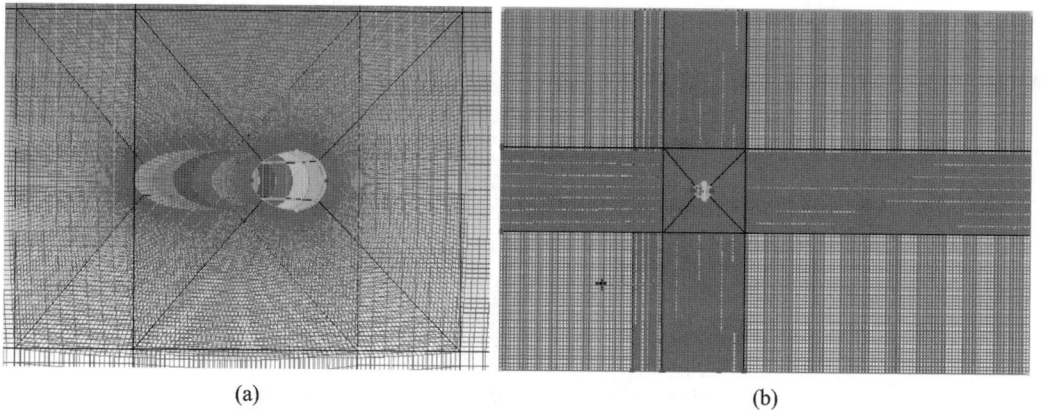

(a) (b)

图 7-3 三维变截面新月形覆冰斜拉索网格划分

(a)局部网格;(b)整体网格

与第 6 章相同,把模型展向从上到下分为六个节段,每个节段垂直高度

100 mm,定义为节段 1、节段 2、节段 3、节段 4、节段 5、节段 6。

数值模拟时,风攻角范围为 $0°\sim180°$,仍每 $5°$ 设置一个风攻角工况,针对每一工况进行建模、划分网格、FLUENT 求解器设置,风攻角以及升力系数、阻力系数方向同第 3 章。

7.3　三维变截面新月形覆冰斜拉索数值模拟结果

7.3.1　$0°$风攻角下三维变截面新月形覆冰斜拉索流场分布

三维变截面新月形覆冰斜拉索模型,周向的压力和流场分布比较复杂,为了能够更好地分析其风致振动特性,在斜拉索展向上设置 5 个监控截面,位置分别设在 $Z=100$ mm,$Z=200$ mm,$Z=300$ mm,$Z=400$ mm 和 $Z=500$ mm处。

图 7-4 为 $0°$风攻角工况下,斜拉索各个监控截面的压力分布情况。每个截面的压力分布大体相似,斜拉索正对来流方向压力最大,斜拉索背向来流方向压力次之,斜拉索两侧的压力最小,靠近斜拉索表面的压力约为 -70 Pa。仔细观察,斜拉索背部的压力分布略有不同,$Z=100$ mm 处的截面,压力约为 -45 Pa 的区域近似梯形。$Z=200$ mm 处的截面,压力为 -45 Pa 的区域面积缩小,趋于四边形。$Z=300$ mm 处的截面,压力为 -45 Pa 的区域迅速缩小至斜拉索表面,形似新月。$Z=400$ mm 处的截面,压力为 -35 Pa 的压力区从 $Z=300$ mm 处的梯形缩小为四边形的区域。$Z=500$ mm 处的截面,压力为 -35 Pa 的区域迅速缩小为靠近斜拉索表面的新月形。

图 7-5 为 $0°$风攻角下三维变截面新月形覆冰斜拉索的各个监控截面的速度云图,所有截面并没有明显的涡旋脱落现象,速度云图关于椭圆横向对称分布。斜拉索两侧速度最大,表面处接近 16 m/s,斜拉索面对来流方向速度次之,斜拉索背向来流方向速度最小,且影响范围较大。从 $Z=100$ mm 的截面到$Z=500$ mm 处的截面,斜拉索两侧速度约为 14 m/s 的区域逐渐缩小,并变为贴附于斜拉索表面的新月形。斜拉索背面,从 $Z=100$ mm 处的截面到 $Z=500$ mm 处的截面,速度比较小的区域逐渐扩大,尾部向两侧发散。

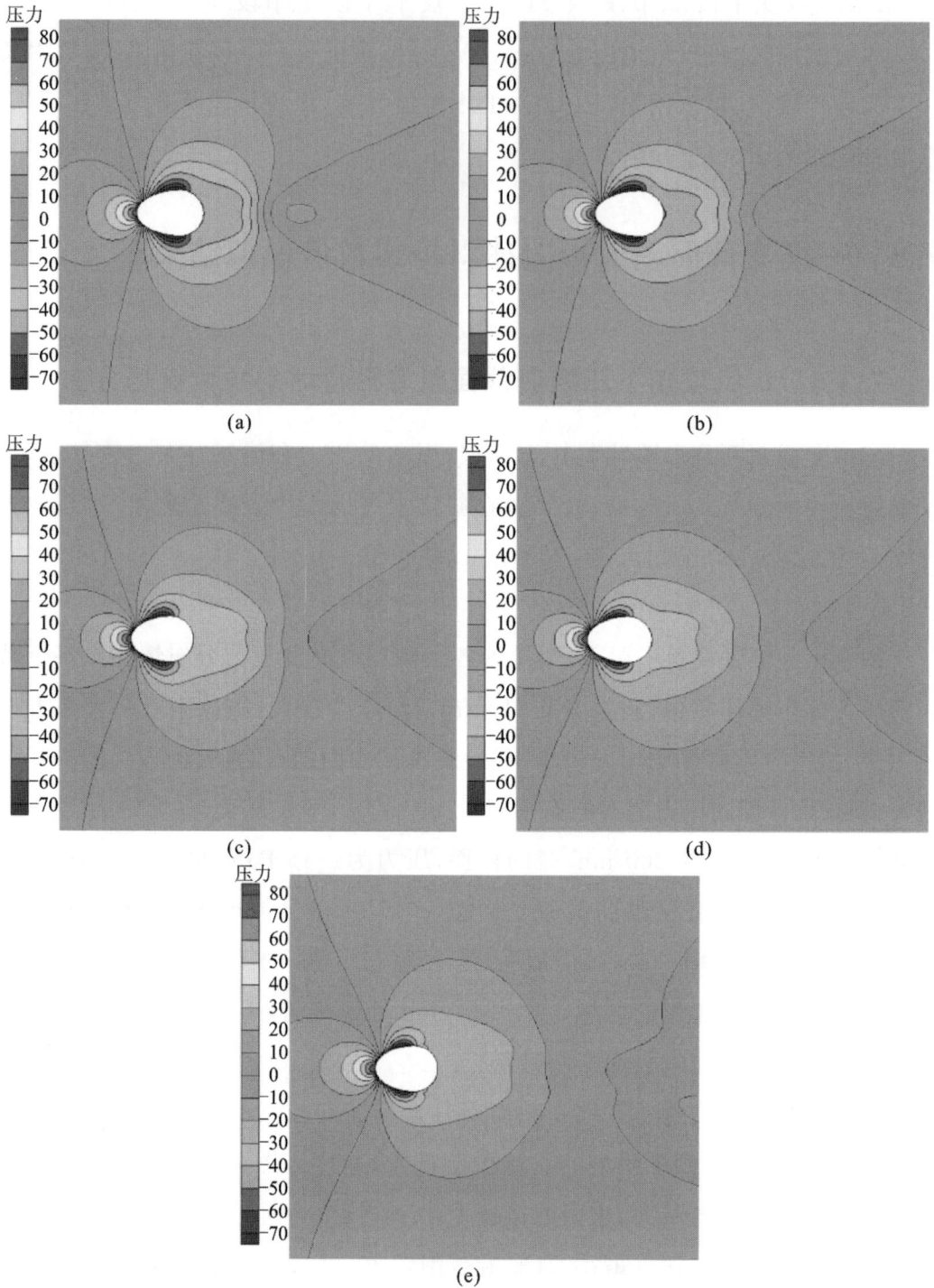

图 7-4　0°风攻角下三维变截面新月形覆冰斜拉索各监控截面的压力云图（单位：Pa）

（a）$Z=100$ mm；（b）$Z=200$ mm；（c）$Z=300$ mm；（d）$Z=400$ mm；（e）$Z=500$ mm

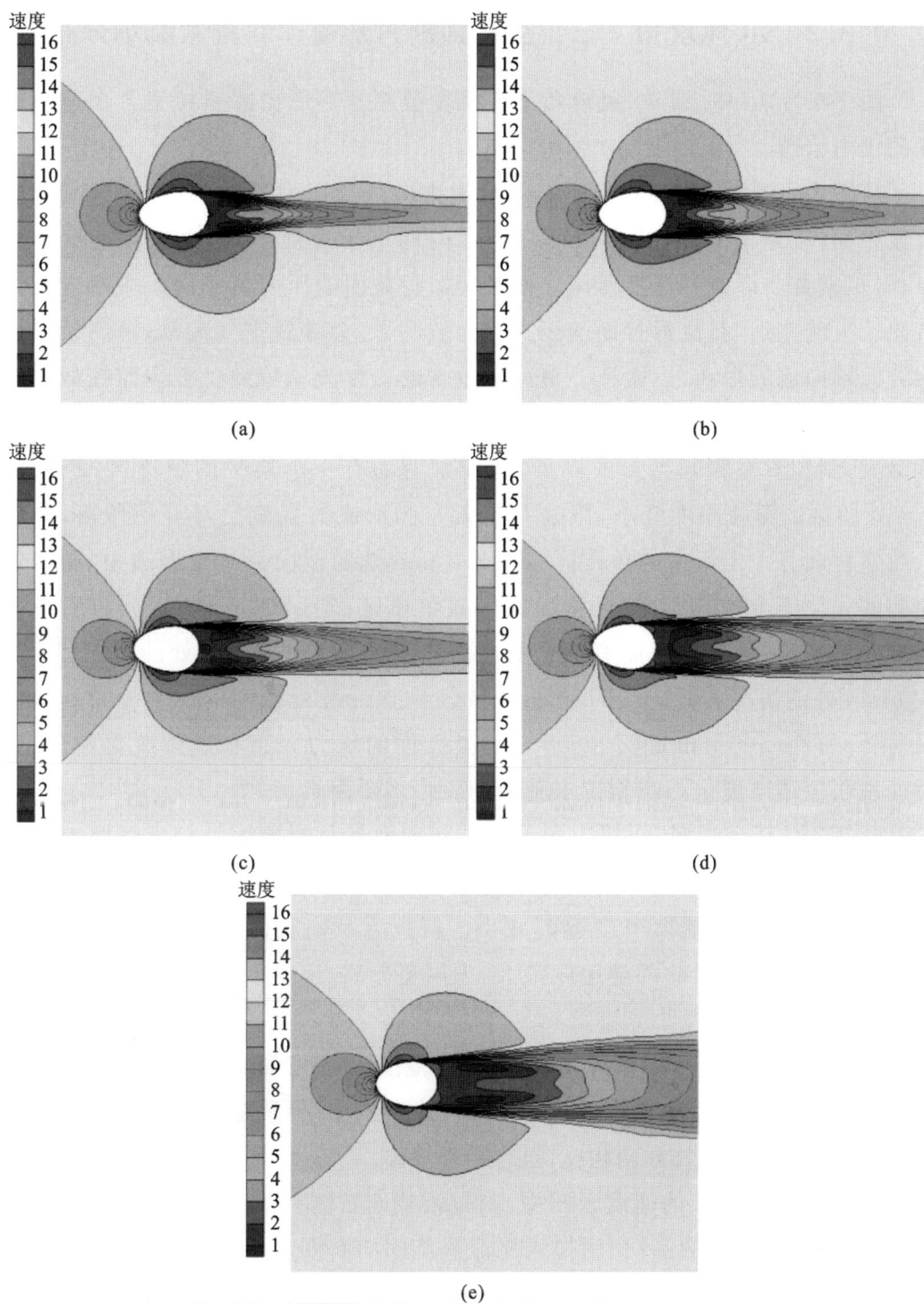

图 7-5   0°风攻角下三维变截面新月形覆冰斜拉索各监控截面的速度云图(单位:m/s)

(a) $Z=100$ mm;(b) $Z=200$ mm;(c) $Z=300$ mm;(d) $Z=400$ mm;(e) $Z=500$ mm

7.3.2 90°风攻角下三维变截面新月形覆冰斜拉索流场分布

图 7-6 为某一时刻 90°风攻角下三维变截面新月形覆冰斜拉索各个监控截面的压力云图。

从图中可看出,斜拉索截面面向来流方向处为压力最大的区域,越靠近斜拉索表面,压力越大;斜拉索截面靠正面的两端压力最小,应为来流速度分离点;斜拉索背面形成一片负压区。而各个监控截面的压力值和涡旋脱落方式有着比较大的差别,斜拉索背面的压力差比较明显,会导致空气流动,证明了斜拉索背面轴向流的存在,也验证了覆冰斜拉索的三维流动特性。五个监控截面斜拉索的涡旋脱落在同一侧,但存在明显的相位差:$Z=100$ mm 处的截面覆冰厚度最大,斜拉索左侧开始形成涡旋,斜拉索背面有一个集中的负压区;$Z=200$ mm 处的截面覆冰厚度变小,该处斜拉索左侧形成的涡旋已经开始脱落,同样斜拉索背面有一个集中的负压区;$Z=300$ mm 处的截面覆冰厚度适中,斜拉索左侧的涡旋完全脱落,斜拉索背面无明显负压区;$Z=400$ mm 处,斜拉索左侧涡旋开始脱落,斜拉索背面有两个明显的负压区;$Z=500$ mm 处的情况和 $Z=400$ mm 处的情况类似。$Z=100$ mm 和 $Z=200$ mm 处截面的压力分布和涡旋脱落类似,$Z=400$ mm 和 $Z=500$ mm 处截面的压力分布和涡旋脱落类似,从侧面说明覆冰厚度是影响斜拉索驰振的一个重要因素。

图 7-7 是某个时刻 90°风攻角下三维变截面新月形覆冰斜拉索各监控截面的速度云图,$Z=100$ mm 处截面的覆冰厚度最大,$Z=500$ mm 处的覆冰厚度最小,中间截面按顺序覆冰厚度逐渐减小。斜拉索正向表面处速度最小,接近于 2 m/s;斜拉索靠正面的两端速度最大,为风速分离点,沿截面径向,速度逐渐减小;斜拉索背面速度减小到约 2 m/s。

结合压力和速度云图可知,斜拉索表面范围内,从正面到两端,速度增大,导致这部分的压力逐渐减小,从两端到背面,速度减小,导致这部分的压力逐渐增大。压力和速度的增长方向相反,符合物理规律。

(1) $Z=100$ mm 的速度云图中,斜拉索截面右侧有块速度比较大的月牙形区域,左侧仅有微小的一块,斜拉索尾流涡旋面向右侧基本脱落。

(2) $Z=200$ mm 的速度云图中,斜拉索截面右侧有月牙形的高速区,左侧的高速区略小,背部尾流涡旋面向右侧完全脱落。

(3) $Z=300$ mm 的速度云图中,斜拉索截面两侧都有月牙形的高速区,且面积差不多,背部尾流涡旋面向右侧完全脱落,形成面向左侧脱落的涡旋。

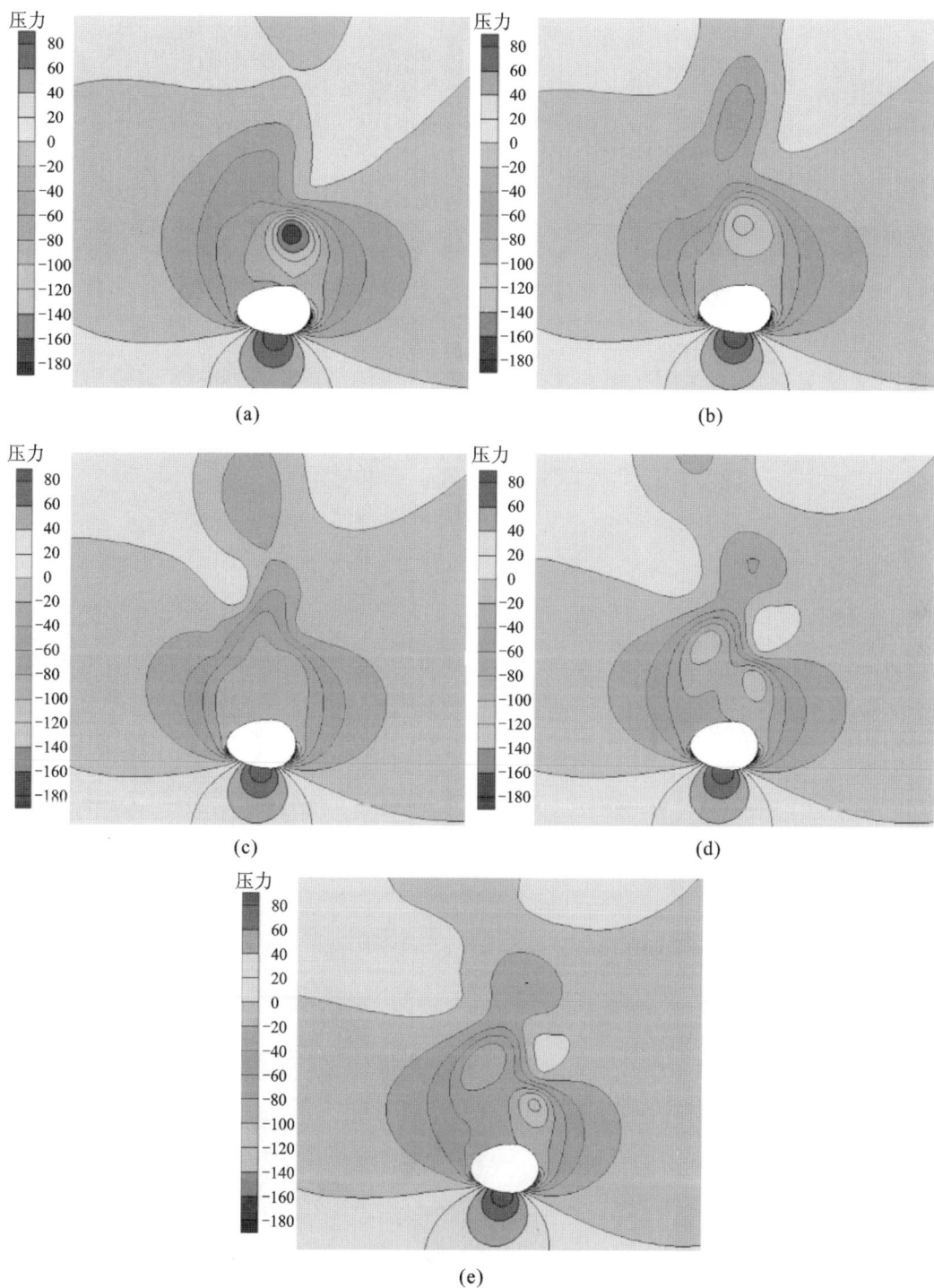

图 7-6　90°风攻角下三维变截面新月形覆冰斜拉索各监控截面的压力云图(单位:Pa)

(a) $Z=100$ mm;(b) $Z=200$ mm;(c) $Z=300$ mm;(d) $Z=400$ mm;(e) $Z=500$ mm

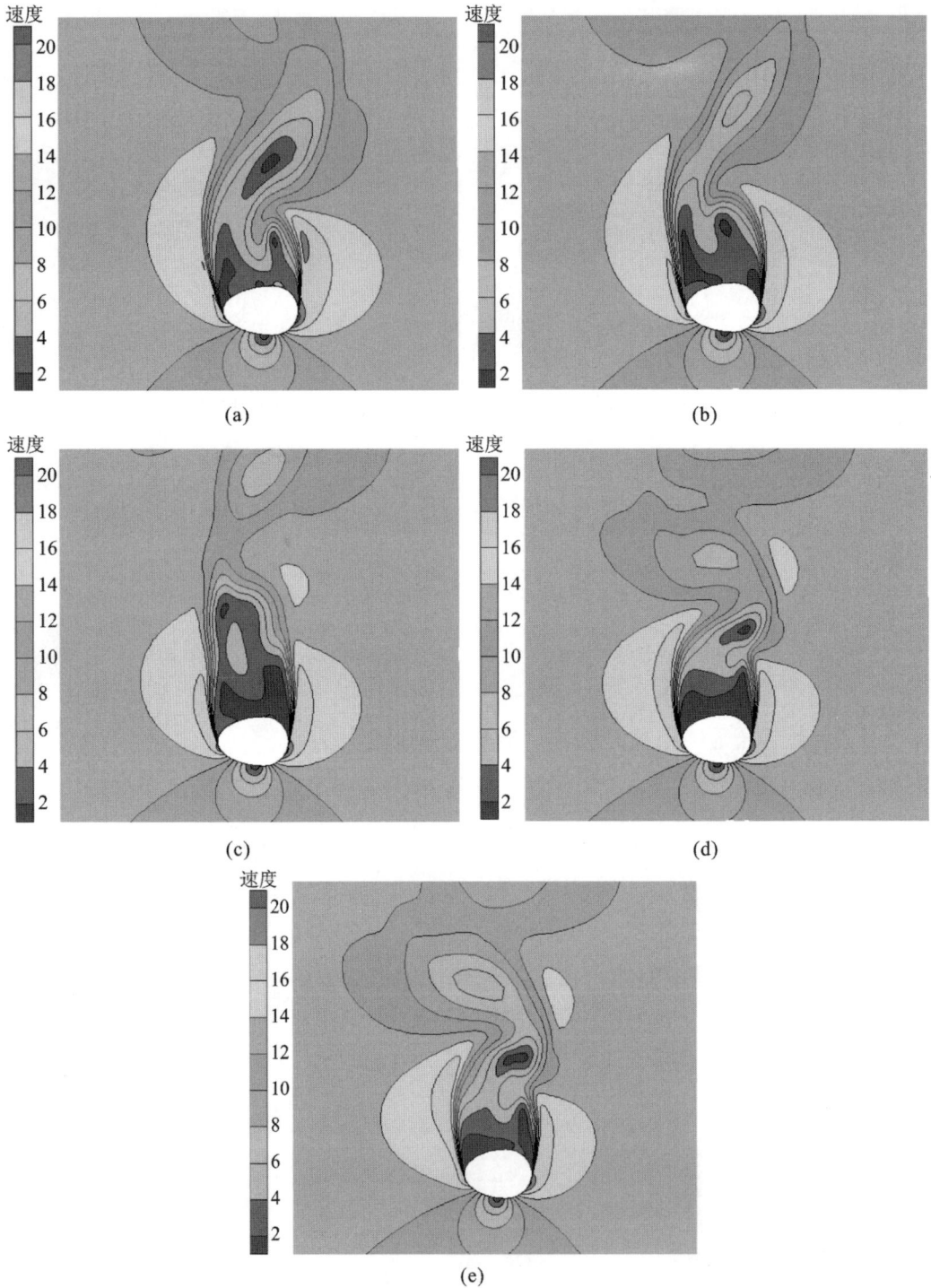

图 7-7 90°风攻角下三维变截面新月形覆冰斜拉索各监控截面的速度云图(单位:m/s)

(a) $Z=100$ mm;(b) $Z=200$ mm;(c) $Z=300$ mm;(d) $Z=400$ mm;(e) $Z=500$ mm

（4）$Z=400$ mm 的速度云图中，左侧的月牙形高速区比右侧的月牙形高速区大，背部尾流涡旋面向左侧完全脱落，开始形成面向右侧脱落的涡旋。

（5）$Z=500$ mm 的速度云图中，左侧的月牙形高速区大于右侧，背部尾流涡旋面向左侧完全脱落，形成面向右侧脱落的涡旋。

总的来说，$Z=100$ mm 和 $Z=200$ mm 的速度分布类似，$Z=400$ mm 和 $Z=500$ mm 的速度云图类似。

7.3.3　180°风攻角下三维变截面新月形覆冰斜拉索流场分布

图 7-8 为 180°风攻角下三维变截面新月形覆冰斜拉索各个监控截面的压力分布图。总体上看，斜拉索面对来流方向处压力值最大，两侧压力值最小，背面的压力值处于中间。从 $Z=100$ mm 的截面到 $Z=500$ mm 的截面，斜拉索尾部压力为 -30 Pa 的区域逐渐变小，之后的高压区与斜拉索尾部的低压区距离更加接近。在这个过程中，两侧靠近斜拉索表面处的压力值逐渐变小，压力梯度增加。

图 7-9 是在 180°风攻角下三维变截面新月形覆冰斜拉索各监控截面的速度云图。总体上看，斜拉索两侧的速度大，两端的速度小。从 $Z=100$ mm 到 $Z=300$ mm 的截面，斜拉索两侧的速度沿椭圆面横向对称分布，$Z=100$ mm 处的截面，斜拉索背面形成两个速度比较小的区域，距离斜拉索越远，速度区域呈发散形式。$Z=200$ mm 和 $Z=300$ mm 的截面，斜拉索背面两个速度较小的区域面积逐渐变小，在斜拉索远处合为一片区域。在这个过程中，斜拉索表面两侧的速度逐渐变大。$Z=400$ mm 和 $Z=500$ mm 的截面，斜拉索背面速度较小的区域继续变小，并逐渐形成涡旋脱落，可以看出 $Z=500$ mm 处的截面，斜拉索背部形成向上脱落的涡旋。

7.3.4　全攻角下三维变截面新月形覆冰斜拉索的气动力系数

图 7-10 和图 7-11 分别是三维变截面新月形覆冰斜拉索在 0°和 90°风攻角下阻力系数和升力系数的时程变化曲线。由于覆冰厚度不同，为了更好地描述斜拉索表面的情况，将斜拉索从顶面到底面依次分为 6 个节段，监测每个斜拉索节段的阻力系数和升力系数。图中 $C_D\text{-}1$ 为第 1 段的平均阻力系数，覆冰厚度最小，$C_D\text{-}2$ 为第 2 段的平均阻力系数，$C_D\text{-}3$ 为第 3 段的平均阻力系数，$C_D\text{-}4$ 为第 4 段的平均阻力系数，$C_D\text{-}5$ 为第 5 段的平均阻力系数，$C_D\text{-}6$ 为第 6 段的平

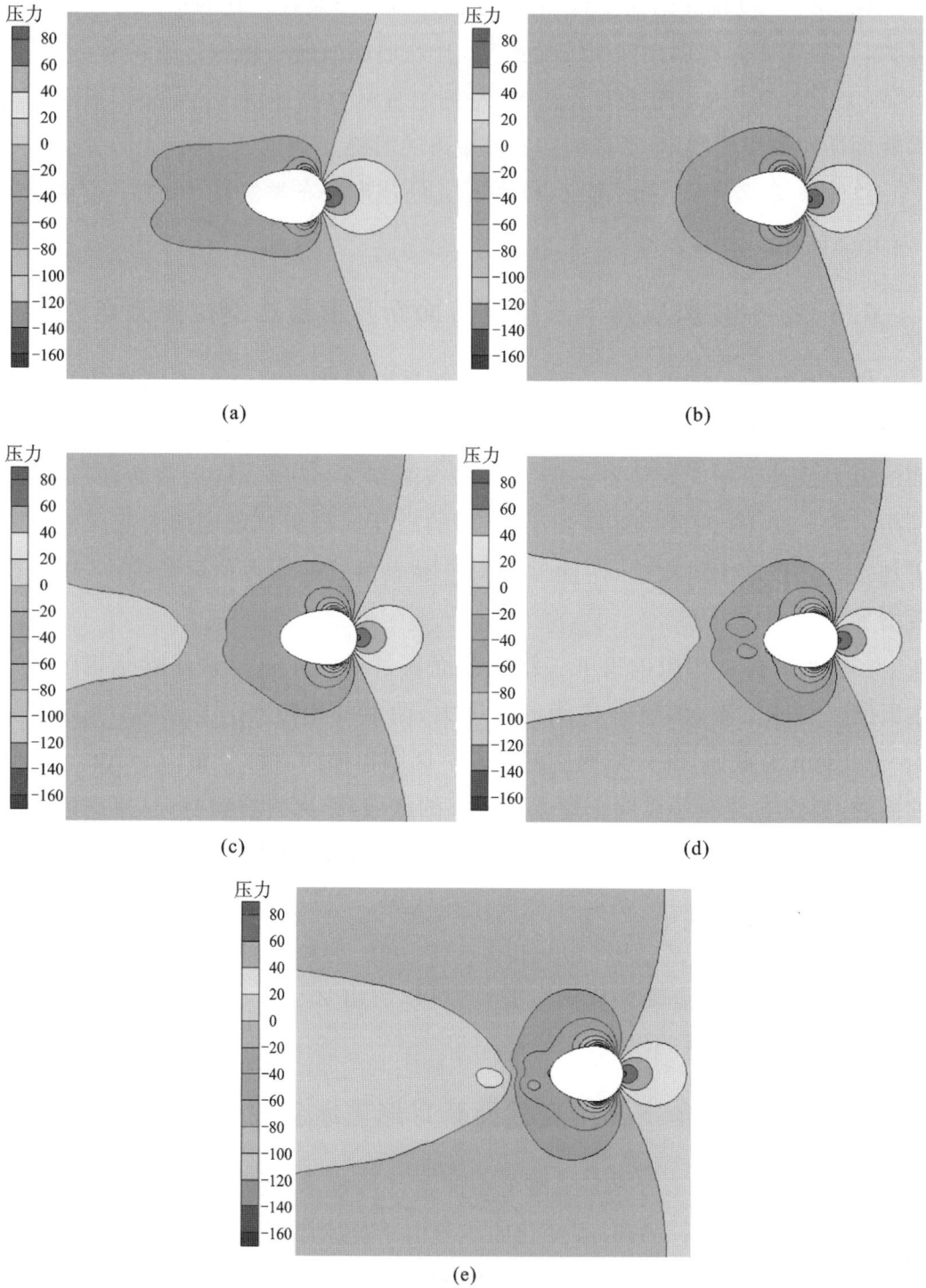

图 7-8　180°风攻角下三维变截面新月形覆冰斜拉索各监控截面的压力云图（单位：Pa）

（a）$Z=100$ mm；（b）$Z=200$ mm；（c）$Z=300$ mm；（d）$Z=400$ mm；（e）$Z=500$ mm

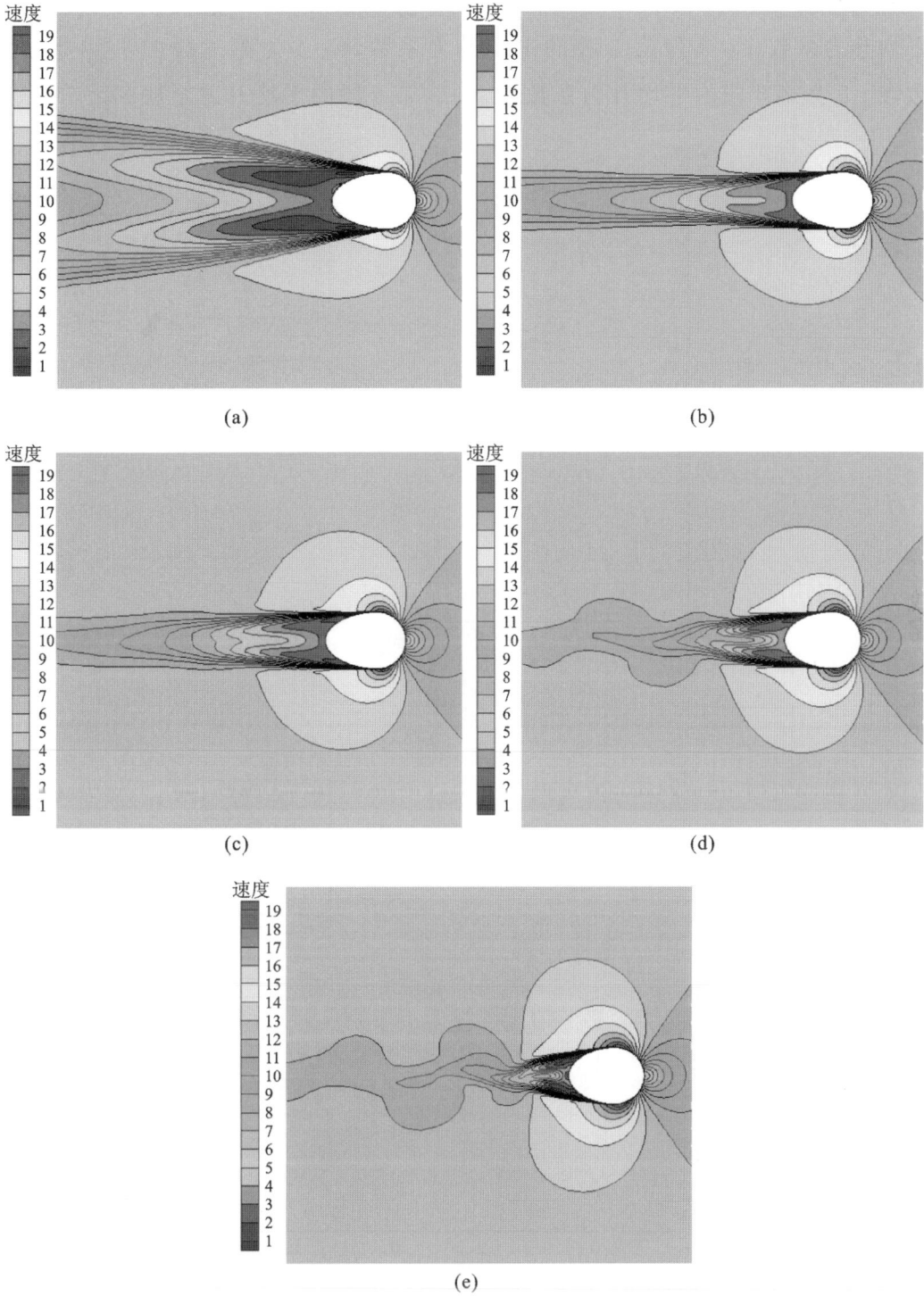

图 7-9　180°风攻角下三维变截面新月形覆冰斜拉索各监控截面的速度云图（单位：m/s）

（a）$Z=100$ mm；（b）$Z=200$ mm；（c）$Z=300$ mm；（d）$Z=400$ mm；（e）$Z=500$ mm

均阻力系数,覆冰厚度最大,C_L-1 为第 1 段的平均升力系数,C_L-2 为第 2 段的平均升力系数,C_L-3 为第 3 段的平均升力系数,C_L-4 为第 4 段的平均升力系数,C_L-5 为第 5 段的平均升力系数,C_L-6 为第 6 段的平均升力系数。

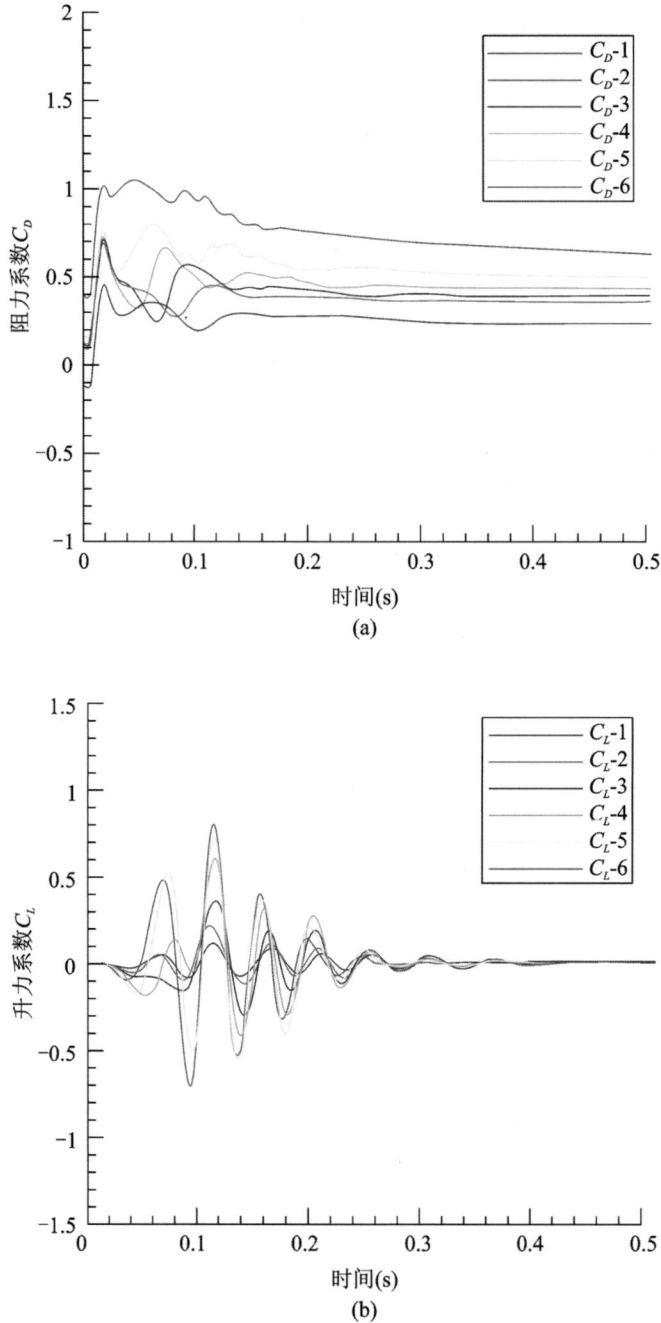

(a)

(b)

图 7-10 0°风攻角下三维变截面新月形覆冰斜拉索各节段的阻力系数和升力系数时程曲线(风速:12 m/s)

(a) 阻力系数时程曲线;(b) 升力系数时程曲线

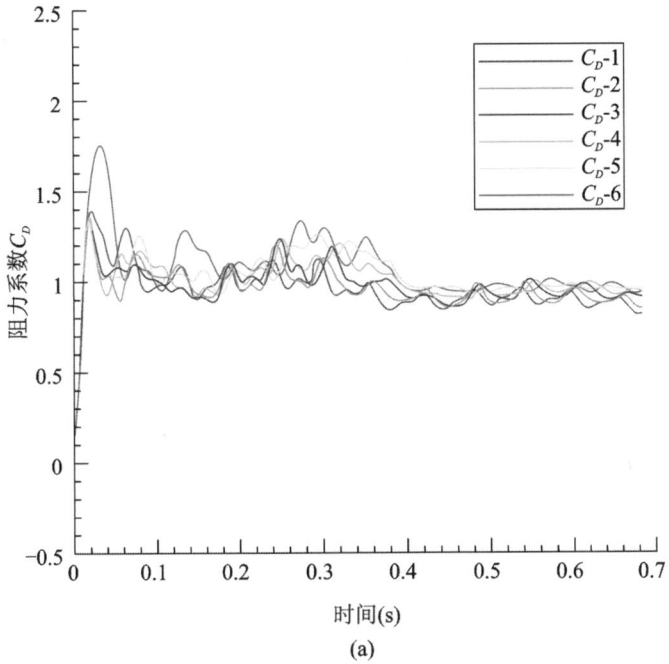

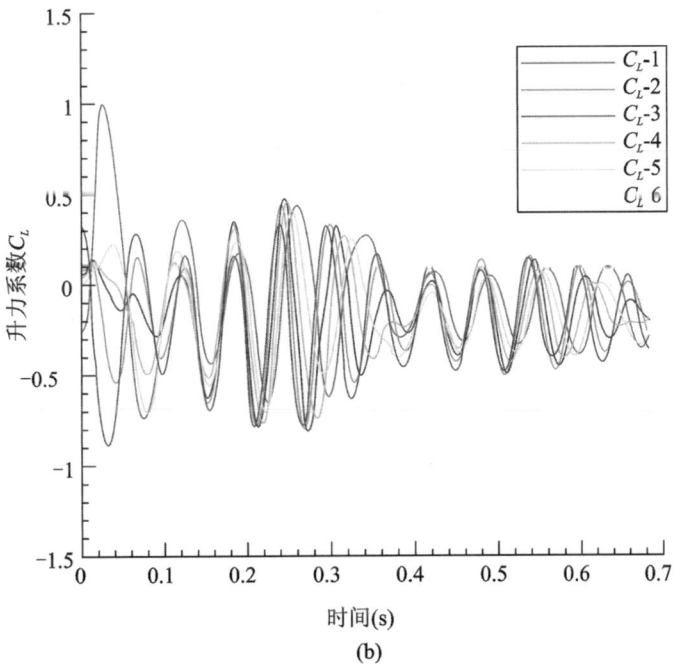

图 7-11　90°风攻角下三维变截面新月形覆冰斜拉索各节段的阻力系数和升力系数时程曲线(风速:12 m/s)

(a) 阻力系数时程曲线;(b) 升力系数时程曲线

在 0°风攻角的工况下,随着涡街趋于稳定,各个节段的阻力系数时程曲线分别趋向于一个固定的数值。节段 1 的阻力系数约为 0.23,节段 2 的阻力系数约为 0.35，节段 3 的阻力系数约为 0.39，节段 4 的阻力系数约为 0.43，节段 5 的阻力系数约为 0.49，节段 6 的阻力系数约为 0.62，各节段的阻力系数数值相差较大。各节段的升力系数都在 0 附近呈现周期性变化，并且振幅越来越小。

在 90°风攻角的工况下，斜拉索各节段的阻力系数与 0°风攻角工况下的不同，都做规则的周期性变化，且在 1.0 附近，相差不大。升力系数曲线在 −0.2 左右呈周期性变化，各节段变化周期相似。

图 7-12 为三维变截面新月形覆冰斜拉索各节段及全索的平均阻力系数曲线，各条曲线整体趋势一致，中间比较高，向两端逐渐降低，由于中间的受风面积大，所以阻力值相对比较大。在 0°～45°风攻角范围内，各节段平均阻力系数曲线随风攻角的增大而增大。在 45°～60°风攻角范围内，平均阻力系数曲线快速上升，并在 60°达到最大值，其中节段 6 的平均阻力系数约为 1.24，节段 1 的阻力系数约为 0.96。在 60°～90°风攻角范围内，出现一个波谷和一个波峰，75°风攻角为波谷位置，85°风攻角为波峰位置。在 90°～180°风攻角范围内，阻力系数曲线随风攻角的增大而减小。0°～50°风攻角范围内，各节段平均阻力系数相差较大，节段 1 的平均阻力系数最小，0°风攻角工况下为 0.23，节段 6 的平均阻力系数最大，0°风攻角工况下为 0.42。50°～105°风攻角范围内，各节段平均阻

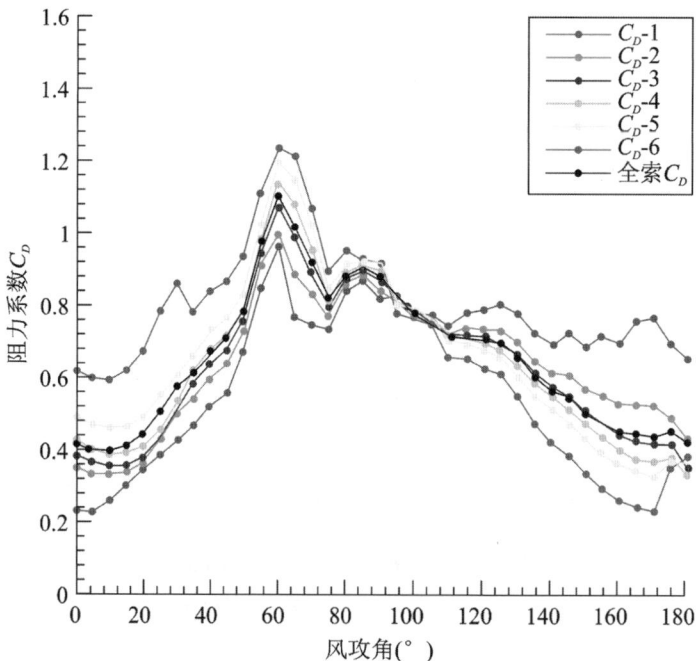

图 7-12　三维变截面新月形覆冰斜拉索的平均阻力系数（风速：12 m/s）

力系数相差不大,其中 95°～105°之间的曲线几乎一致。105°～180°风攻角范围内,节段 1 的平均阻力系数最大,节段 6 的平均阻力系数最小。说明在迎风面,斜拉索覆冰厚度越大,其平均阻力系数越大,在背风面,斜拉索覆冰厚度越大,其平均阻力系数越小。节段 1 和节段 6 的平均阻力系数部分角度出现突变,可能是因为壁面效应的影响,全索的平均阻力系数曲线处于各条曲线的中间位置,符合整体变化趋势。

图 7-13 为三维新月形覆冰斜拉索各节段及全索的平均升力系数曲线,整体的变化趋势呈现“M”形,0°风攻角和 180°风攻角的升力系数都为 0。在 15°～55°风攻角范围内出现凸起部分,节段 1 的平均升力系数曲线出现的角度比较靠后,分别在 35°和 50°风攻角处出现波峰,节段 2 到节段 4 分别在 20°和 35°风攻角处出现波峰,节段 5 和节段 6 在 25°风攻角处出现一个波峰,节段 6 的升力系数值最大,约为 1.23,节段 1 的升力系数数值约为 0.29。在 170°～175°风攻角范围内,各节段出现一个波峰,其中节段 1 和节段 2 出现的风攻角位置较为靠后。在两个波峰处,各节段的平均升力系数相差较大,其他位置升力系数曲线过度平滑,数值基本相近。全索的升力系数曲线在 15°～40°风攻角范围内,有一个大范围的凸起,在 175°风攻角位置有一个比较大的尖峰。节段 1 和节段 6 的平均升力系数曲线与其他曲线相比,依旧有突变的区域。

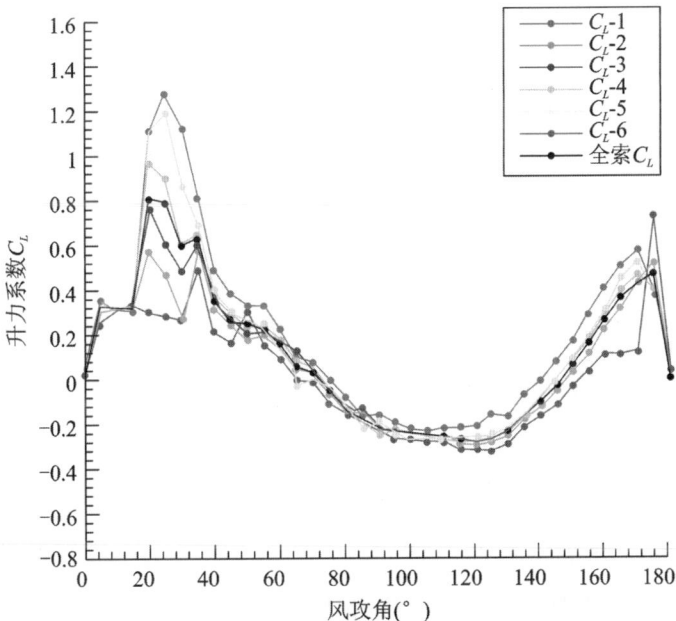

图 7-13　三维变截面新月形覆冰斜拉索的平均升力系数(风速:12 m/s)

7.3.5　全攻角下三维变截面新月形覆冰斜拉索的驰振力系数

为了判断新月形变截面覆冰斜拉索是否发生驰振,与第3章相同,需要运用式(3-3)计算得到截面 $Z=100$ mm 到 $Z=500$ mm 全攻角范围内平均升力系数随风攻角变化曲线的斜率值与相应平均阻力系数的矢量和,即驰振力系数。三维新月形变截面覆冰斜拉索各节段和全索的驰振力系数曲线显示在图 7-14 和图 7-15 中。对于某个位置的风攻角,$\partial C_L/\partial \alpha$ 的值取决于平均升力系数曲线的左侧斜率值或者右侧斜率值,现在并不能确定哪一侧的斜率值比较合理,本章将左侧斜率和右侧斜率两种情况同时列出,当某一风攻角下的左驰振力系数和右驰振力系数都小于0时,才认为斜拉索会发生驰振。

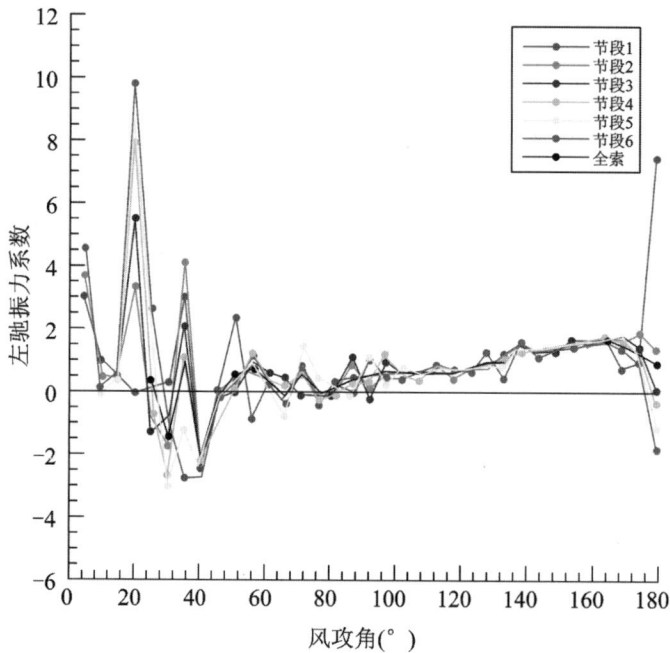

图 7-14　三维变截面新月形覆冰斜拉索左侧曲线斜率对应的驰振力系数(风速: 12 m/s)

各节段和全索左右的驰振力系数小于0的风攻角位置汇总见表7-1,节段1到节段6表示该节段发生驰振的攻角区域,全索表示展向长度范围的斜拉索发生驰振的攻角区域。从驰振力系数图中可以看出,各节段和全索的驰振力系数小于0的风攻角区域集中在迎风面,角度在 $25°\sim75°$ 之间,节段覆冰厚度越大,曲线的幅值越大,发生驰振的可能性越大。在表 7-1 中,可以看出各节段驰振力系数小于0的风攻角区域各不相同,节段1在 $40°$ 风攻角处的驰振力系数小

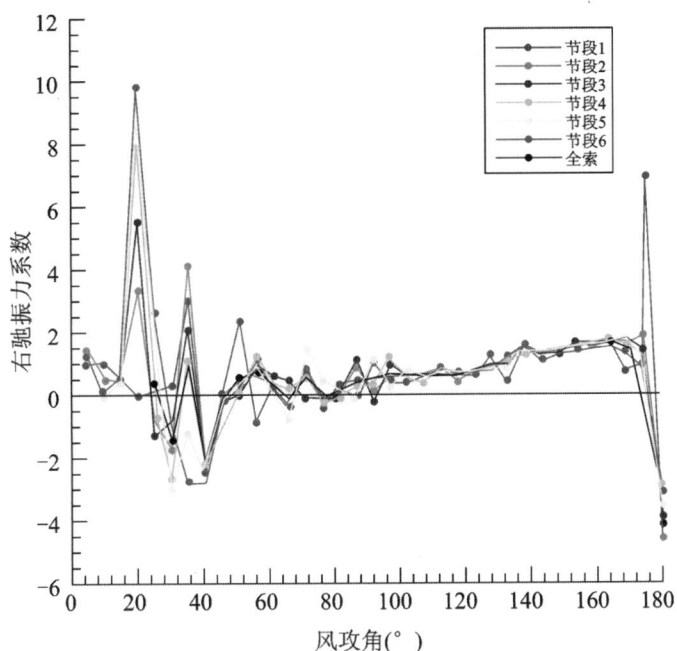

图 7-15　三维变截面新月形覆冰斜拉索右侧曲线斜率对应的驰振力系数（风速：12 m/s）

于 0，节段 2、节段 3 和节段 4 三者相似，在 25°、40°、75°风攻角处的驰振力系数小于 0，节段 5 和节段 6 相似，在 30°、35°、40°风攻角处的驰振力系数小于 0。全索可能发生驰振的风攻角区域为 40°。

表 7-1　各节段及全索左右驰振力系数小于 0 的风攻角区域

各节段及全索	风攻角(°)				
节段 1			40°		
节段 2	25°		40°	45°	75°
节段 3	25°		40°	45°	70°	75°
节段 4	25°		40°		75°
节段 5		30°	35°	40°	
节段 6		30°	35°	40°	
全索			40°		

7.3.6　三维变截面新月形覆冰斜拉索的驰振临界风速

本节以某大跨度斜拉桥为工程背景，计算相应斜拉索的驰振临界风速。

表 7-2 给出了某大跨度斜拉桥部分斜拉索的结构参数,主要有索长 L、单位长度斜拉索质量 m、斜拉索一阶模态频率 f_1、斜拉索直径 B 和斜拉索张力 F_t。本节中阻尼比取 1‰。通过计算,新月形斜拉索的驰振区域在 40°附近,结合表 7-1 和式(3-7)可以求得几种不同规格的斜拉索的驰振临界风速,计算结果见表 7-3。

表 7-2　某大跨度斜拉桥斜拉索数据

斜拉索编号	$L(m)$	$m(kg/m)$	$f_1(Hz)$	$B(m)$	$F_t(kN)$
S1	71.314	39.7	1.87	0.105	2599
S2	78.988	42.2	1.69	0.105	2726
S3	142.682	64.5	0.918	0.124	4118
S4	153.297	68.6	0.85	0.129	4356
S5	231.787	91.3	0.581	0.147	6176
S6	243.375	96.9	0.545	0.151	6377

表 7-3　新月形覆冰斜拉索驰振临界风速(40°风攻角)

斜拉索编号	S1	S2	S3	S4	S5	S6
左驰振力系数对应的临界风速(m/s)	45.3	43.5	30.6	29.0	23.1	22.4
右驰振力系数对应的临界风速(m/s)	50	50	50	50	50	50

编号为 S1、S2 的斜拉索最靠近桥塔,编号为 S3、S4 的斜拉索与桥塔的距离适中,编号为 S5、S6 的斜拉索距离桥塔最远。驰振临界风速计算的截止风速为 50 m/s,若计算的临界风速大于 50 m/s,则还是认为其驰振临界风速为 50 m/s[1]。由计算结果可知,在左驰振力系数的条件下,各条斜拉索对应的临界风速各不相同,最小的为 22.4 m/s;在右驰振力系数的条件下,由于驰振力系数为很大的负值,所求得的临界风速都为 50 m/s。

本章小结

在前几章新月形覆冰拉索数值模拟与驰振研究的基础上,本章建立三维变截面新月形覆冰斜拉索模型,并通过 FLUENT 流体软件对其进行模拟,监控测得其各节段和全索的平均升力系数和平均阻力系数,进而计算得到驰振力系数,判断发生驰振的可能性,得到如下结论:

（1）三维变截面新月形覆冰斜拉索的五个监控截面的压力云图存在明显的相位差，斜拉索背面的压力存在一定的差异，说明了轴向流的存在。$Z=100$ mm和$Z=200$ mm的截面涡旋脱落类似，$Z=400$ mm和$Z=500$ mm的涡旋脱落类似，表明覆冰厚度的影响。同样，各截面的速度云图也存在涡旋脱落的差异，速度云图和压力云图充分展现了斜拉索的三维流动特性。

（2）$0°$风攻角工况下，三维变截面新月形覆冰斜拉索各节段的阻力系数曲线和升力系数曲线迅速趋向于一个定值，几乎没有上下波动，此时的阻力系数曲线因覆冰厚度不同数值相差较大，升力系数曲线都趋向于0。$90°$风攻角工况下，各节段的阻力系数和升力系数曲线在一段时间后以一定的周期波动。

（3）三维变截面新月形覆冰斜拉索各节段的阻力系数随风攻角变化的趋势一致，呈中间高，两端低。在$0°\sim105°$风攻角范围内，覆冰厚度越大，阻力系数值越大；在$105°\sim180°$风攻角范围内，覆冰厚度越大，阻力系数值越小。各节段的升力系数随风攻角变化的曲线呈向两边扩展的"M"形，两端尖峰处各节段升力系数相差较大，其他区域过度平缓，比较接近。

（4）三维变截面新月形覆冰斜拉索各节段发生驰振的区域不同，节段1在$40°$风攻角区域，节段2~节段4在$25°$、$40°$和$75°$风攻角区域，节段5和节段6在$30°\sim45°$风攻角区域。因此覆冰厚度是影响驰振发生的重要因素。全索可能发生驰振的区域在$40°$风攻角附近。以某大跨度斜拉桥为工程背景，在$10°$风攻角区域，左驰振力系数条件下，斜拉索最小的驰振临界风速为22.4 m/s。

参 考 文 献

[1] 黄韬.覆冰斜拉索驰振稳定性研究[D].长沙:湖南大学,2011.

8 三维变截面 D 形覆冰斜拉索数值模拟

8.1 概述

在第 7 章中,进行三维变截面新月形覆冰斜拉索模型的数值模拟,分析其各节段截面的压力和速度云图,充分展现了变截面斜拉索的三维流动特性;取得平均阻力系数和平均升力系数随风攻角变化的曲线,计算得到驰振力系数曲线,依据 Den Hartog 驰振理论判断出会发生驰振的风攻角区域。D 形覆冰也是斜拉索覆冰的典型形状,本章将建立三维变截面 D 形覆冰斜拉索模型,继续采用 SST k-ω 湍流模型进行数值模拟,研究其压力和速度云图,依据监控取得气动力系数的变化曲线,得到全攻角下的驰振力系数,判断发生驰振的攻角区域,使变截面覆冰斜拉索的研究数据更加完善。

8.2 三维变截面 D 形覆冰斜拉索模型建立与数值模拟方法

D 形变截面覆冰斜拉索模型,斜拉索直径为 120 mm,沿展向的垂直长度为 600 mm,符合展向长度大于 π 倍斜拉索横截面特征长度的要求,覆冰最小厚度 30 mm、最大厚度 60 mm,斜拉索倾斜角度为 70°。D 形覆冰斜拉索模型见图 8-1。与上一章相同,沿斜拉索展向设置 5 个监控截面,间距 100 mm,位置在 Z=100 mm、Z=200 mm、Z=300 mm、Z=400 mm、Z=500 mm 处。从顶面到底面依次为节段 1、节段 2、节段 3、节段 4、节段 5 和节段 6。流域尺寸长为 4.5 m、宽为 3.0 m、高为 0.6 m。斜拉索底面圆心位于原点处,距离上游速度入口 1.5 m,距离下游压力出口 3.0 m,距离左右两侧自由滑移面各 1.5 m。流域分布具体见图 8-2。

变截面 D 形覆冰斜拉索的网格划分与新月形类似,采用外 O 形网格,边界层处的网格 Z 方向注意与斜拉索的偏向角度平行,首层网格厚度取 0.4,径向增长系数为 1.05。网格划分见图 8-3。

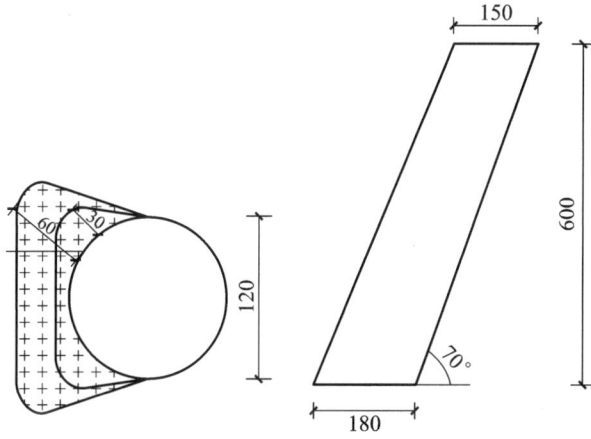

图 8-1　三维变截面 D 形覆冰斜拉索模型示意图(单位:mm)

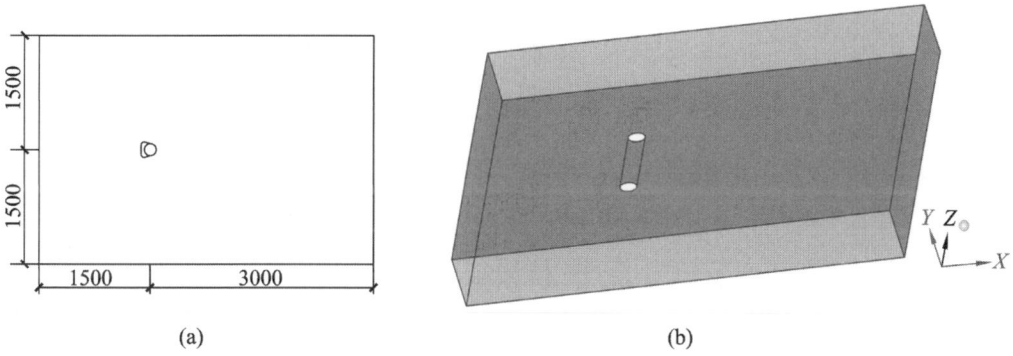

图 8-2　三维变截面 D 形覆冰斜拉索计算区域尺寸及坐标(单位:mm)

(a) 区域尺寸;(b) 区域坐标

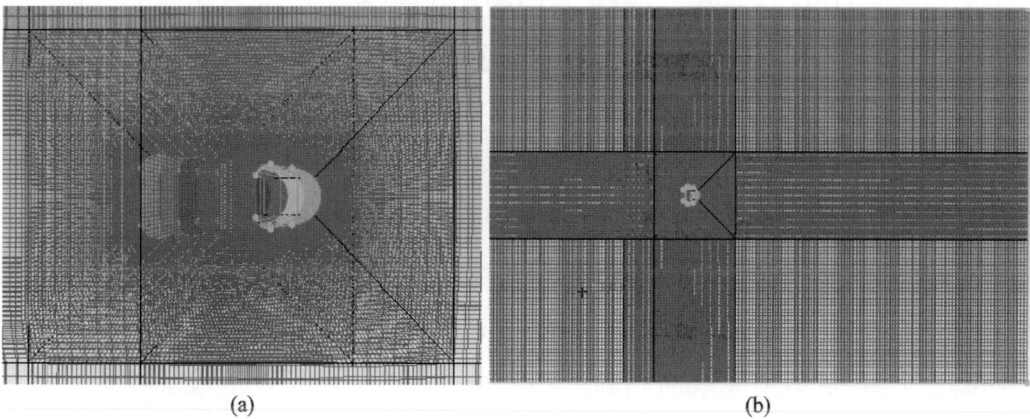

图 8-3　三维变截面 D 形覆冰斜拉索网格划分

(a) 局部网格;(b) 整体网格

本章边界条件定义同第 3 章，流域进口速度（Velocity）为 12 m/s，湍流强度（Turbulent Intensity）为 3.8％，湍流黏性率（Turbulent Viscosity Ratio）为 10。

数值模拟时，风攻角范围为 0°～180°，仍每 5°设置一个风攻角工况，针对每一工况进行建模、划分网格、FLUENT 求解器设置，风攻角以及升力系数、阻力系数方向同第 3 章。

8.3 三维变截面 D 形覆冰斜拉索数值模拟结果

8.3.1 0°风攻角下三维变截面 D 形覆冰斜拉索流场分布

图 8-4 为 0°风攻角的工况下，各个监控截面的压力云图。整体上看，斜拉索迎风面压力值最大，迎风面两端出现数值比较小的负压区。$Z=100$ mm 到 $Z=300$ mm 这三个截面的压力值基本关于 D 形截面横向对称。$Z=400$ mm 和 $Z=500$ mm 处的截面，斜拉索背面出现向下分离的涡旋。五个监控截面相比较，$Z=100$ mm 处的覆冰厚度最大，斜拉索背面 -80 Pa 左右的压力区域最大，随着覆冰厚度的减小，到 $Z=500$ mm 处，压力值为 -80 Pa 的区域几乎收缩不见。

图 8-5 为 0°风攻角下三维变截面 D 形覆冰斜拉索各个监控截面的速度云图。总的来看，速度分布如下，斜拉索两侧存在高速区，越靠近斜拉索表面速度越大，斜拉索迎风面和背风面速度比较小，尤其斜拉索背风面存在大片的低速区。$Z=100$ mm 处的截面，速度关于斜拉索横截面呈对称分布，斜拉索背面有两个小面积的低速区。$Z=200$ mm 处的截面，斜拉索背面的低速区面积扩大，斜拉索下表面的高速区也逐渐增大，上表面的高速区面积不变。$Z=300$ mm 处的截面，斜拉索下表面的高速区继续扩大，斜拉索背面下端的低速区逐渐增大，开始形成向上脱落的涡旋。$Z=400$ mm 处的截面，斜拉索背面下端的低速区继续增大，形成向上脱落的涡旋。$Z=500$ mm 处，斜拉索下表面的低速区增大，形成的涡旋完全脱落。在一定范围内，覆冰厚度越小，斜拉索背面的涡旋运动越明显。

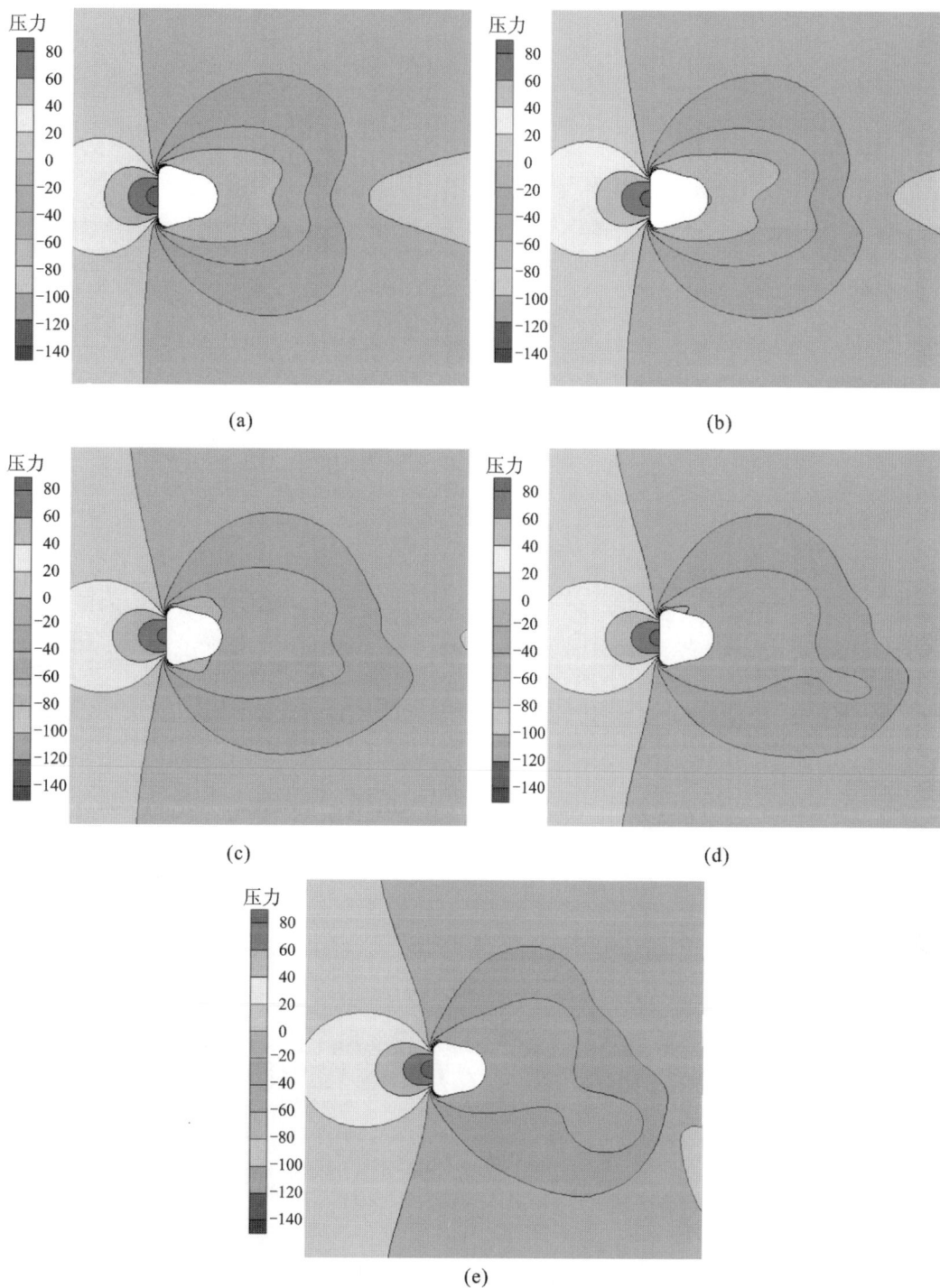

图 8-4　0°风攻角下三维变截面 D 形覆冰斜拉索各监控截面的压力云图（单位：Pa）

（a）$Z=100$ mm；（b）$Z=200$ mm；（c）$Z=300$ mm；（d）$Z=400$ mm；（e）$Z=500$ mm

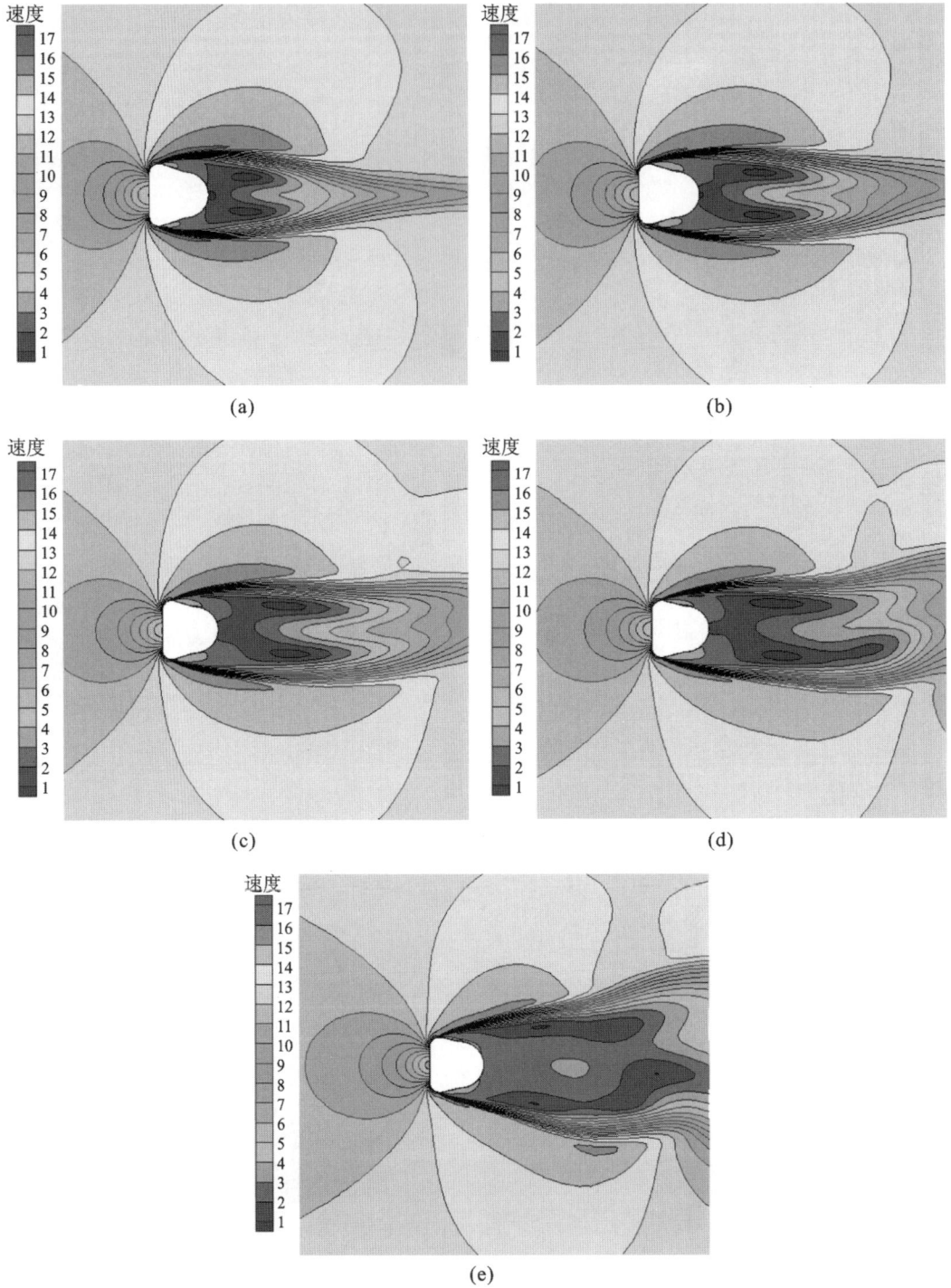

图 8-5　0°风攻角下三维变截面 D 形覆冰斜拉索各监控截面的速度云图(单位:m/s)

(a) $Z=100$ mm;(b) $Z=200$ mm;(c) $Z=300$ mm;(d) $Z=400$ mm;(e) $Z=500$ mm

8.3.2 90°风攻角下三维变截面 D 形覆冰斜拉索流场分布

图 8-6 为 90°风攻角下三维变截面 D 形覆冰斜拉索各监控截面的压力云图,各截面中面对来流方向压力比较大,越靠近斜拉索表面压力越大,截面左侧凸起处压力最小,右侧凸起处压力也比较小,斜拉索背风区域为负压区。各个截面涡旋脱落方式有着比较明显的差别,存在相位差。

$Z=100$ mm 处,斜拉索背风处左侧开始形成大涡。

$Z=200$ mm 处,斜拉索右侧形成大涡,完全脱落,涡旋中心处压力值较小。

$Z=300$ mm 处,斜拉索右侧大涡完全脱落,涡旋中心处压力值比较大,云图和 $Z=200$ mm 处类似。

$Z=400$ mm 处,斜拉索背部大涡彻底脱落,形成向左侧脱落的大涡。

$Z=500$ mm 处,斜拉索涡旋脱落方式和 $Z=400$ mm 处相同,但发生时间快于 $Z=400$ mm 处截面。

图 8-7 为 90°风攻角下三维变截面 D 形覆冰斜拉索各监控截面的速度云图,分析各个截面,发现涡旋脱落形式基本一致,但存在明显的时间先后顺序。斜拉索迎风面的中心处风速较小,最大风速都出现在斜拉索左侧凸出的地方。

$Z=100$ mm 处,斜拉索右侧的涡旋完全脱落,开始形成向左侧脱落的涡旋,其涡旋中心处风速较小。

$Z=200$ mm 处,斜拉索右侧的涡旋彻底脱落,形成向左侧脱落的涡旋。

$Z=300$ mm 处,斜拉索左侧的涡旋完全脱落,形成向右侧脱落的涡旋,其涡旋中心处速度也较小。

$Z=400$ mm 处,斜拉索左侧涡旋彻底脱落,右侧的涡旋开始脱落。

$Z=500$ mm 处,斜拉索右侧涡旋脱落,并开始形成向左侧脱落的涡旋。

8.3.3 180°风攻角下三维变截面 D 形覆冰斜拉索流场分布

图 8-8 为 180°风攻角下三维变截面 D 形覆冰斜拉索各监控截面的压力云图。整体上看,斜拉索迎风面压力最大,越靠近斜拉索表面,压力值越大,在斜拉索迎风面和背风面的两端,都出现比较小面积的负压区。除 $Z=100$ mm 处的截面斜拉索背面的负压区不规则外,其余截面的压力沿斜拉索横截面对称分布。$Z=400$ mm 和 $Z=500$ mm 背部的负压区比其他截面小。

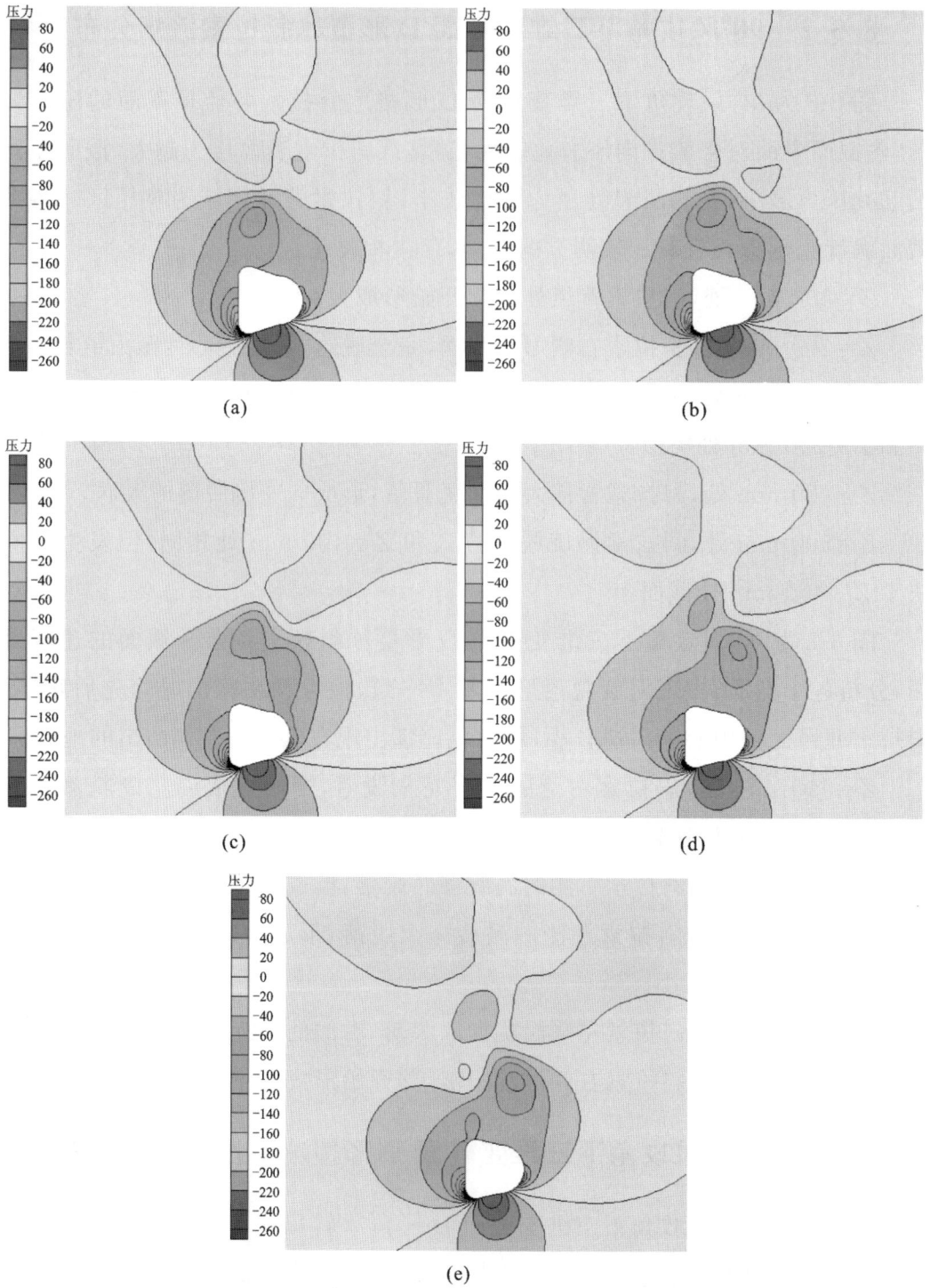

图 8-6　90°风攻角下三维变截面 D 形覆冰斜拉索各监控截面的压力云图（单位：Pa）

（a）$Z=100$ mm；（b）$Z=200$ mm；（c）$Z=300$ mm；（d）$Z=400$ mm；（e）$Z=500$ mm

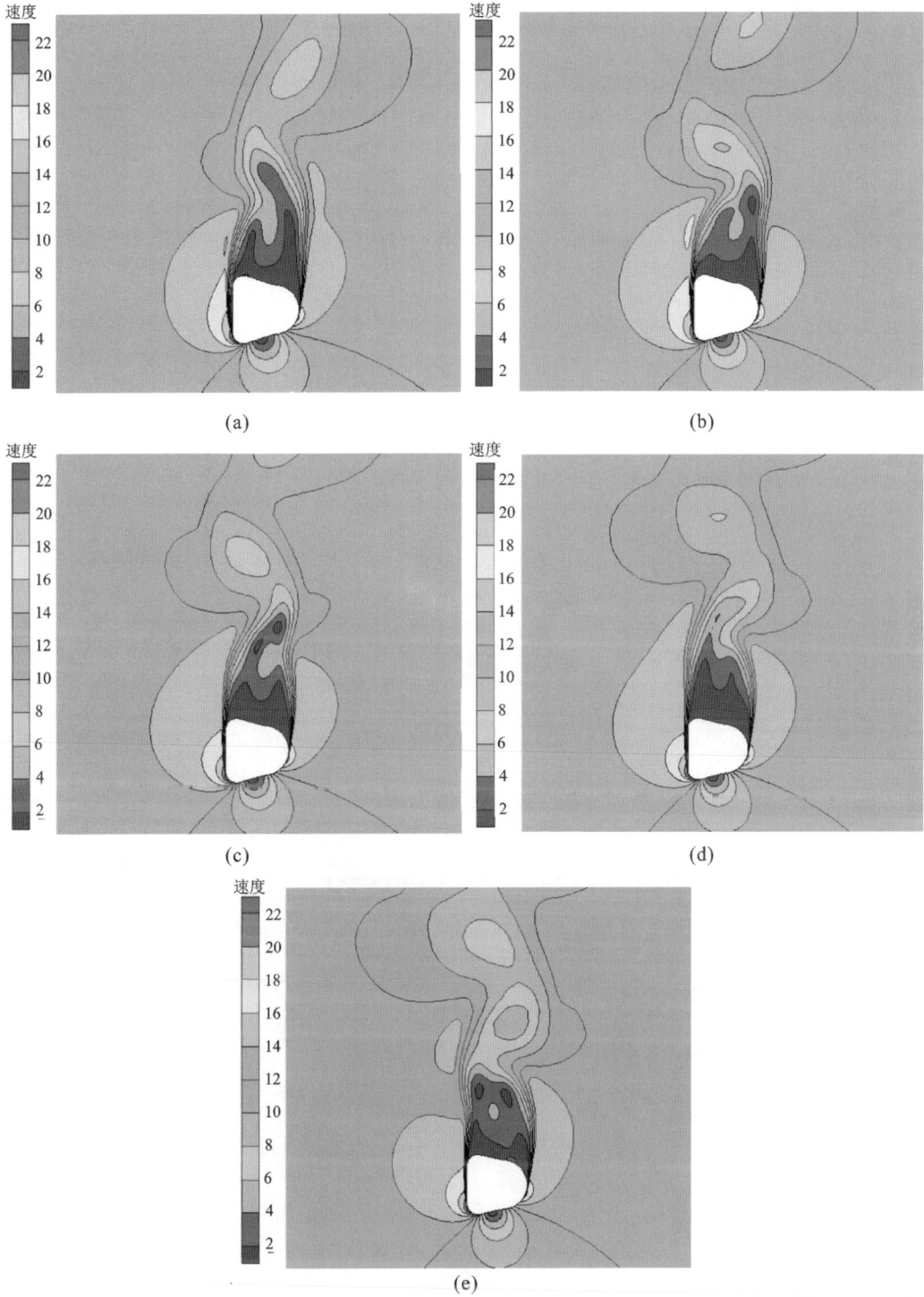

图 8-7　90°风攻角下三维变截面 D 形覆冰斜拉索各监控截面的速度云图(单位:m/s)

(a) $Z=100$ mm;(b) $Z=200$ mm;(c) $Z=300$ mm;(d) $Z=400$ mm;(e) $Z=500$ mm

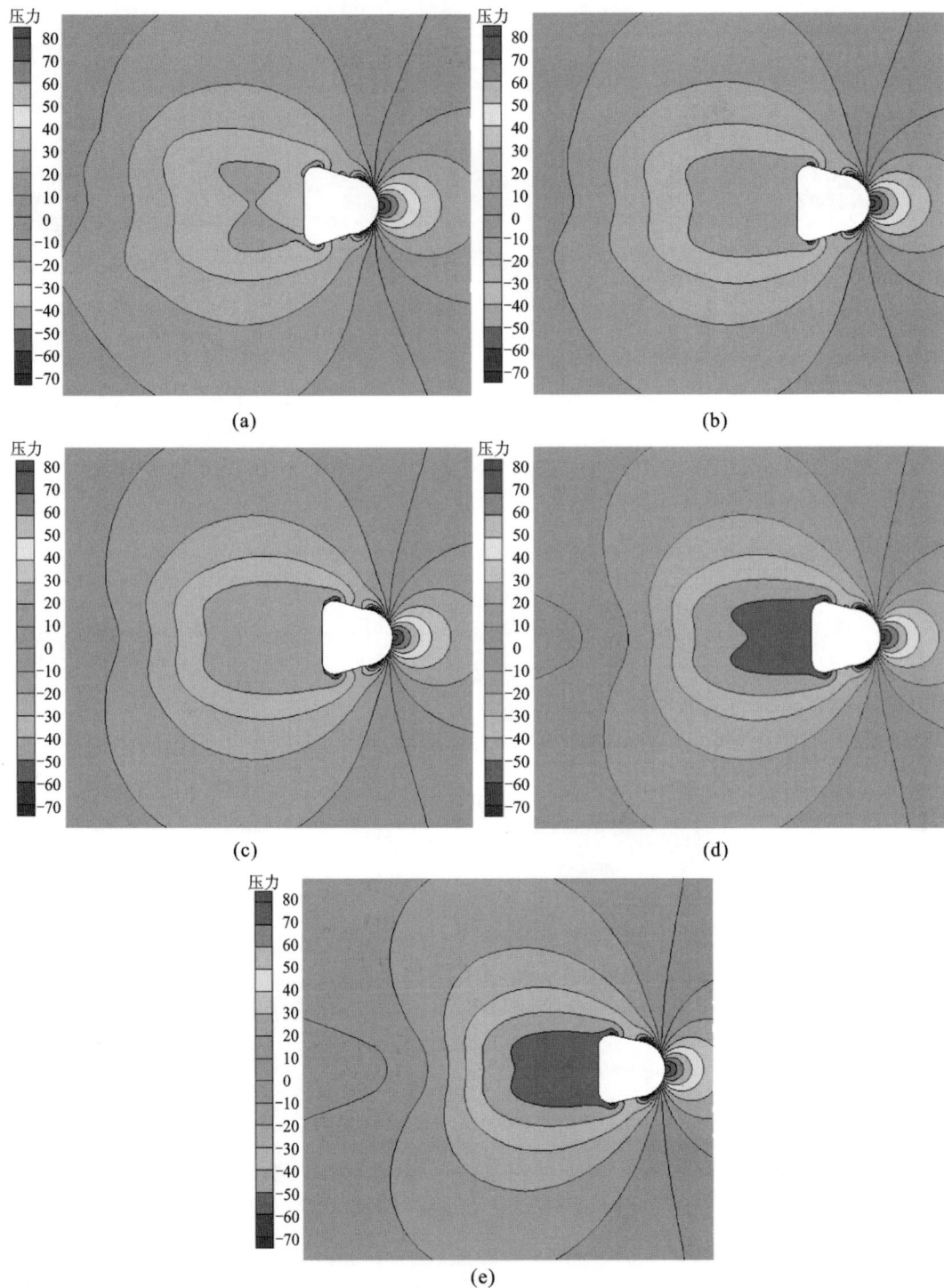

图 8-8　180°风攻角下三维变截面 D 形覆冰斜拉索各监控截面的压力云图（单位：Pa）

（a）$Z=100$ mm；（b）$Z=200$ mm；（c）$Z=300$ mm；（d）$Z=400$ mm；（e）$Z=500$ mm

图 8-9 为 180°风攻角下三维变截面 D 形覆冰斜拉索各监控截面的速度云

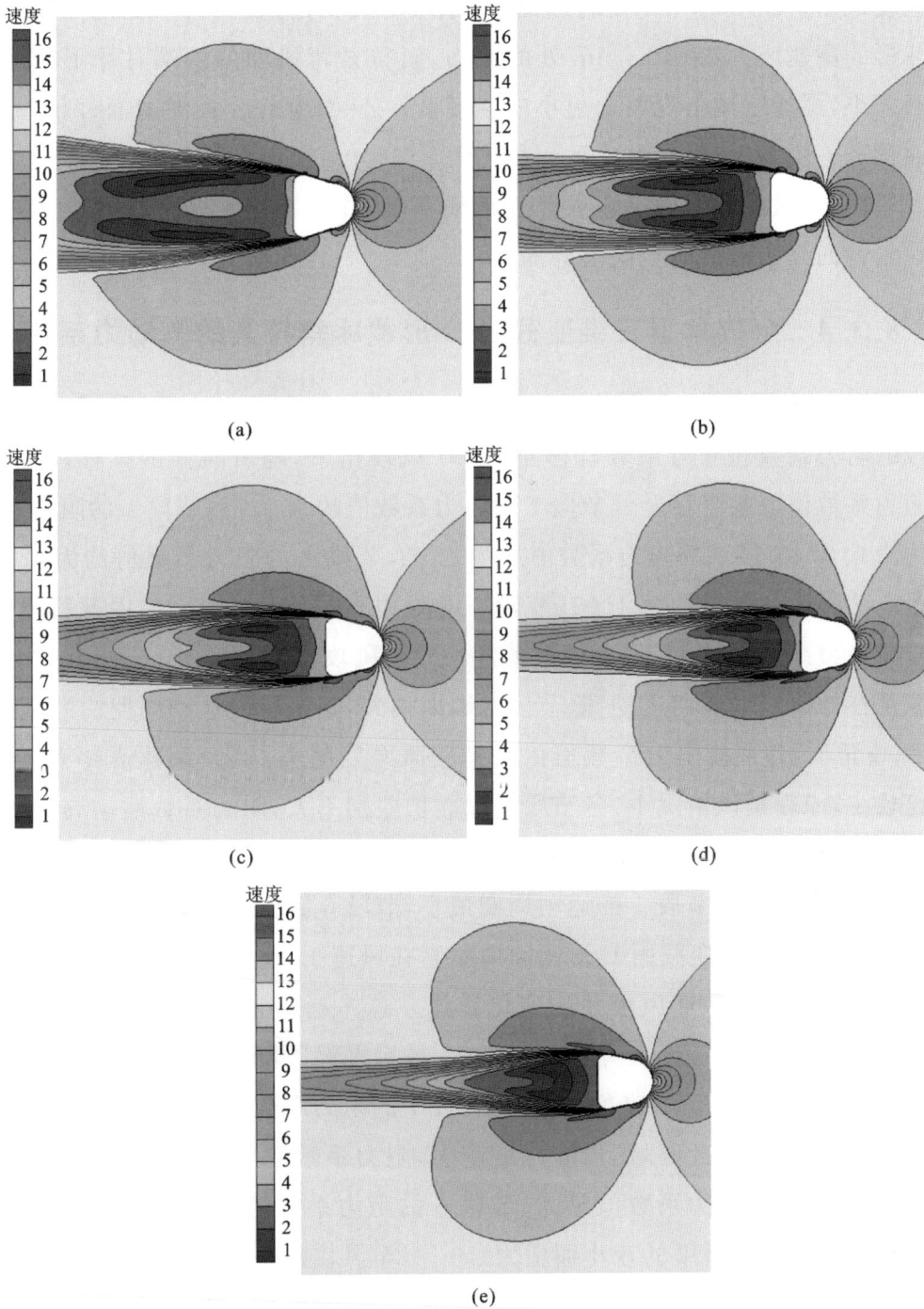

(a)

(b)

(c)

(d)

(e)

图 8-9　180°风攻角下三维变截面 D 形覆冰斜拉索各监控截面的速度云图(单位:m/s)

(a) $Z=100$ mm;(b) $Z=200$ mm;(c) $Z=300$ mm;(d) $Z=400$ mm;(e) $Z=500$ mm

图。总体上说,斜拉索两侧存在月牙形的高速区,迎风面速度次之,背风面区域的速度最小。$Z=500$ mm 处的截面,覆冰厚度最小,斜拉索背风面的两端有小月牙形的高速区。$Z=400$ mm 处的截面,斜拉索背风面的两端月牙形高速区逐渐缩小,尾流区域出现两个更小的速度区。$Z=300$ mm 处的截面,两个高速区面积进一步缩小,尾流低速区面积扩大。$Z=400$ mm 和 $Z=500$ mm 处的截面,斜拉索背风面两端的高速区已经消失不见,并且在 $Z=500$ mm 处的截面,斜拉索背面开始形成向上脱落的涡旋。

8.3.4　全攻角下三维变截面 D 形覆冰斜拉索的气动力系数

图 8-10 和图 8-11 分别是 0°和 90°风攻角下三维变截面 D 形覆冰斜拉索各节段的阻力系数和升力系数时程曲线。0°风攻角下,随着时间的推移,各节段的阻力系数值都趋于稳定。节段 1 的阻力系数值约为 0.78,节段 2 的阻力系数值约为 0.87,节段 3 的阻力系数值约为 0.92,节段 4 的阻力系数值约为 0.97,节段 5 的阻力系数值约为 1.05,节段 6 的阻力系数值约为 1.20,由此得出,该风攻角下覆冰厚度越大,阻力系数值越大。0°风攻角下,各个节段的升力系数曲线都在 0 附近做周期运动,除节段 6 周期稍大,其余节段运动周期约为 0.1s。90°风攻角下,各节段阻力系数值依旧是覆冰厚度越大,阻力系数值越大,但相差比较小,原因是该情况下,各节段受风面积差别不大,阻力系数运动周期约为 0.3s。90°风攻角下各节段的升力系数值基本相同,集中于 0.55~0.65 之间,运动周期略有差别,节段 1 的运动周期最小,节段 6 的运动周期最大。

图 8-12 为三维变截面 D 形覆冰斜拉索在风速 12 m/s 的情况下,各节段及全索的平均阻力系数随风攻角的变化曲线。总体趋势为先下降,后波动上升,随后接着下降,然后缓慢上升到一个峰值,最后慢慢下降,175°风攻角附近出现一个小波峰。0°~105°风攻角范围内,节段 1 的阻力系数值最小,节段 6 的阻力系数值最大,说明在此区域,覆冰厚度越大,阻力系数越大。105°~180°风攻角范围内,节段 1 的阻力系数值最大,节段 6 的阻力系数值最小,说明该区域内,阻力系数值随覆冰厚度的减小而增大。0°~25°风攻角区域,各节段阻力系数值迅速下降,且数值相差较大,节段 1 在 25°风攻角处阻力系数降到 0.52,节段 6 在 25°风攻角处阻力系数降到 0.71,两者相差 0.19。各节段在 30°风攻角处达到一个极大值,节段 6 此时的阻力系数值为 1.14,而其他节段基本都在 1.0 左右。之后在 40°风攻角处,降至波谷,节段 6 的阻力系数依旧与其他节段相差较

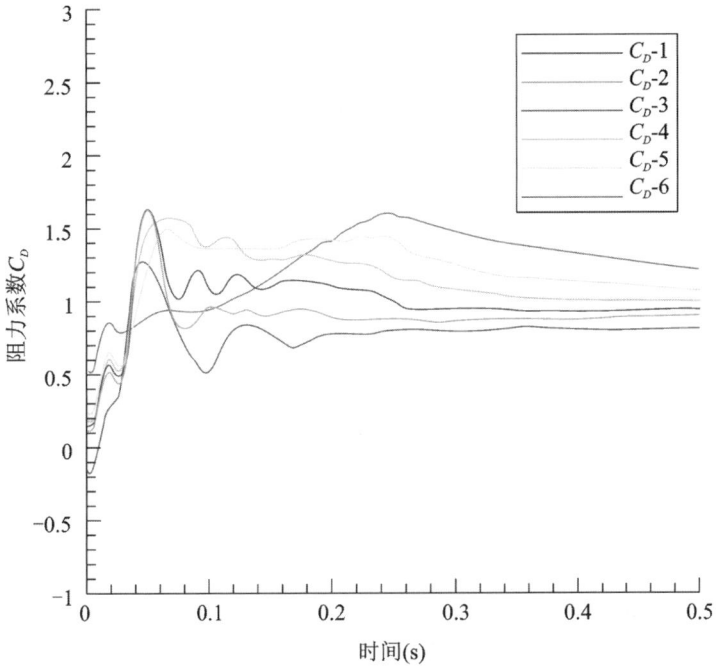

(a)

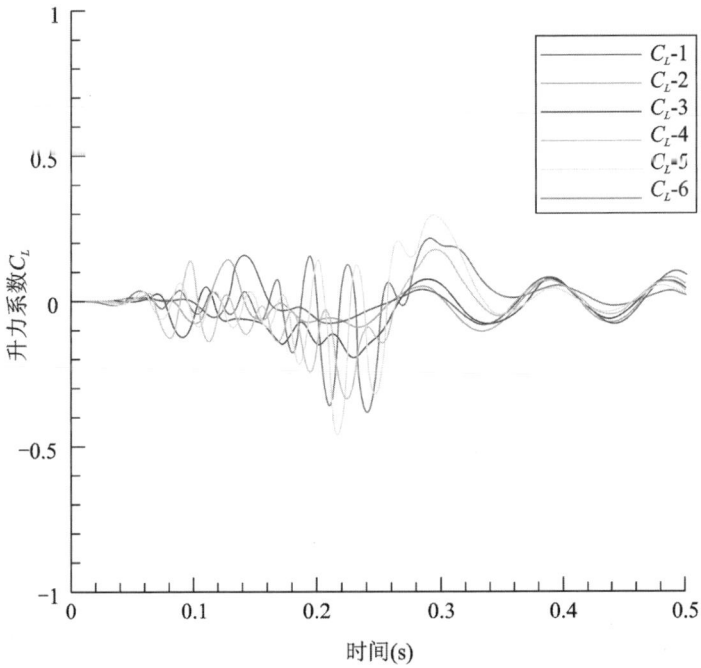

(b)

图 8-10　0°风攻角下三维变截面 D 形覆冰斜拉索各节段的阻力系数和升力系数时程曲线(风速:12 m/s)

(a) 阻力系数时程曲线;(b) 升力系数时程曲线

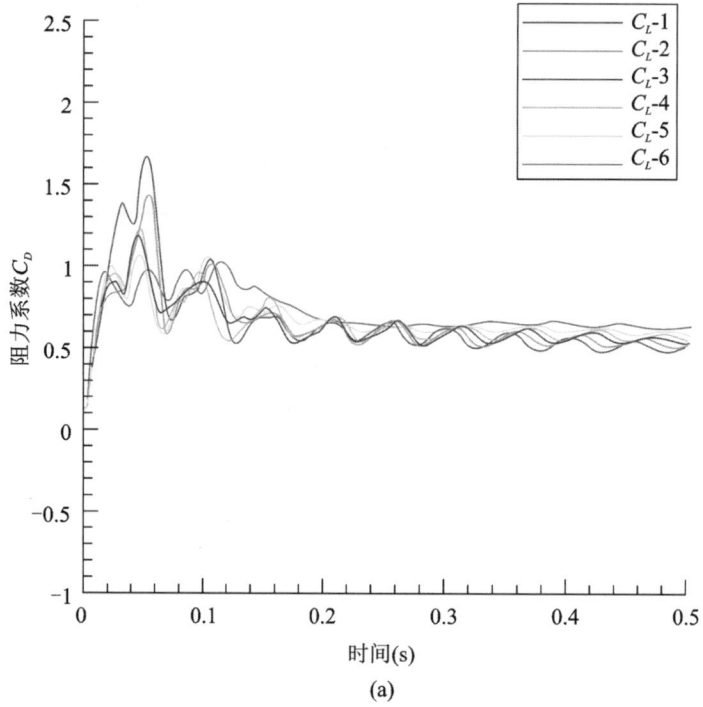

(a)

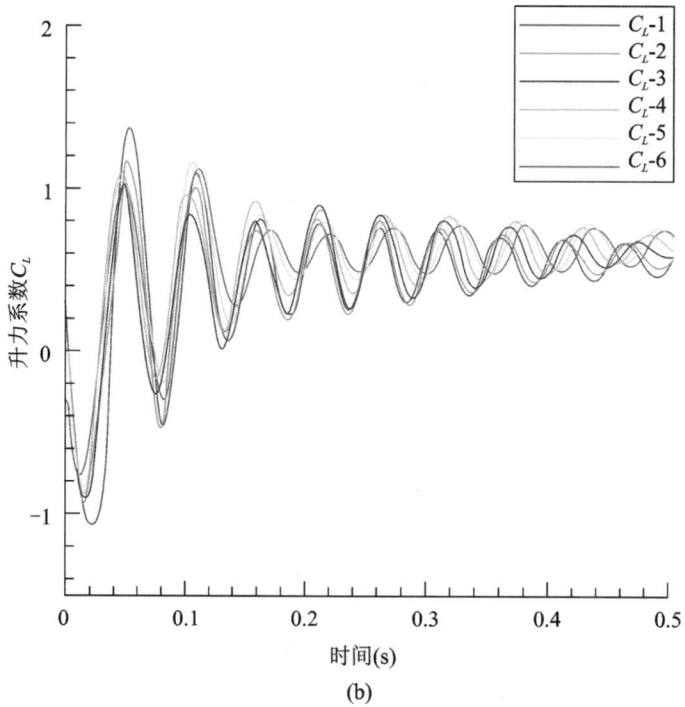

(b)

图 8-11　90°风攻角下三维变截面 D 形覆冰斜拉索各节段的阻力系数和升力系数时程曲线（风速：12 m/s）

（a）阻力系数时程曲线；（b）升力系数时程曲线

大。各节段之后快速上升,在 50°风攻角左右达到整条曲线的峰值,节段 1 和节段 6 的阻力系数值相差约为 0.3。随后,各条曲线在 60°风攻角左右略作回升后,在 90°风攻角处降至整条曲线的最低位置,节段 1 的阻力系数值为 0.52,节段 6 的阻力系数值为 0.57。90°~120°风攻角范围内,各节段曲线呈抛物线上升,数值差别不大。最后,各节段呈抛物线下降,其中节段 2 到节段 5 数值差别比较小。全索趋势同各节段,在 25°、90°风攻角处出现波谷,在 30°、50°、60°风攻角处出现波峰,曲线最大值为 1.33,最小值为 0.57。

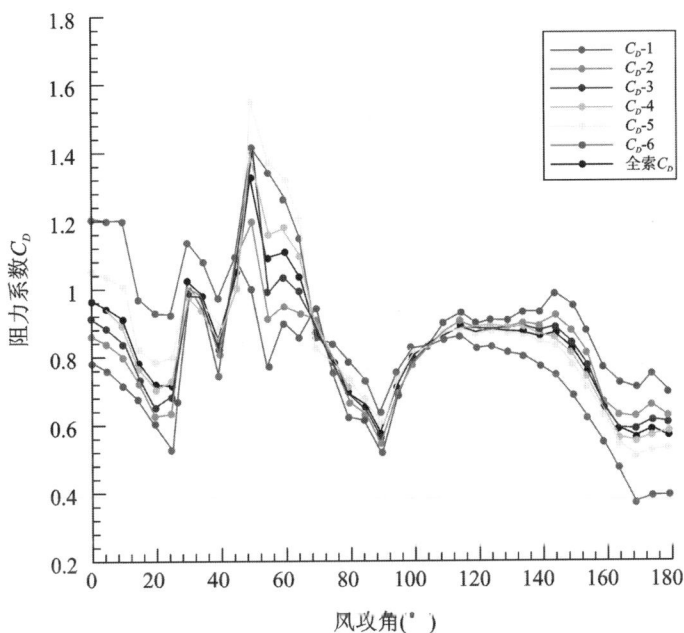

图 8-12　三维变截面 D 形覆冰斜拉索的平均阻力系数(风速:12 m/s)

图 8-13 为三维变截面 D 形覆冰斜拉索在风速 12 m/s 的情况下,各节段及全索的升力系数随风攻角变化的曲线。各节段和全索的曲线趋势一致,呈英文字母"W"形。各节段在 0°风攻角下,升力系数值都为 0。之后曲线下降,在 20°风攻角附近降至波谷,节段 6 最先降至极小值,为 −0.72,节段 1 最晚降至极小值,为 −0.66。接着曲线逐渐上升,并于 90°风攻角处达到极大值,数值都集中在 0.6 附近,上升过程中,节段 1 的升力系数值最小,节段 6 的升力系数值最大,且其略有波动。随后曲线快速下降,在 160°风攻角附近降至整条曲线的最小值,节段 1 最先降至最小值,节段 6 最后降至最小值。由此可知,覆冰厚度会影响曲线两波谷处的间距,覆冰厚度越小,两波谷间距越小。最后,在 180°风攻角附近,各条曲线的升力系数不为 0,且差别较大,与覆冰厚度不存在直接的关

系,可能与 D 形变截面覆冰背面形状比新月形复杂有关。

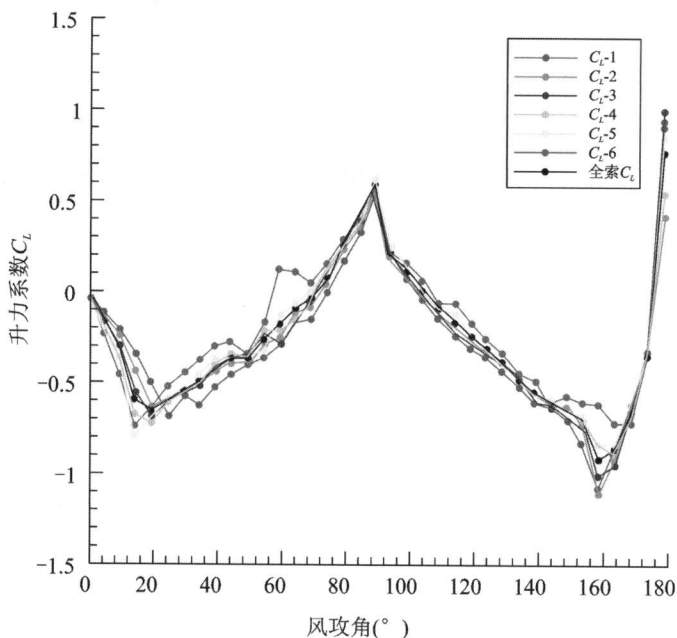

图 8-13　三维变截面 D 形覆冰斜拉索的平均升力系数(风速:12 m/s)

8.3.5　全攻角下三维变截面 D 形覆冰斜拉索的驰振力系数

为判断三维变截面 D 形覆冰斜拉索的驰振稳定性,与第 3 章相同,运用公式(3-3)计算得到平均升力系数随风攻角变化曲线的斜率值与相应平均阻力系数的矢量和。当斜率值为风攻角左侧升力系数曲线求得时,称为左驰振力系数;当斜率值为风攻角右侧升力系数曲线求得时,称为右驰振力系数。左驰振力系数和右驰振力系数都小于 0 时,认为该节段或全索处于不稳定状态,有发生驰振的可能性。从图 8-14、图 8-15 中可以看出各节段和全索发生驰振的风攻角区域集中于 20°、90° 和 160° 风攻角附近,节段的驰振力系数小于 0 表示此节段可能发生驰振,全索的驰振力系数小于 0 表示全索可能发生驰振。各节段和全索驰振力系数小于 0 的区域汇总于表 8-1 中。从表中可以看出在 5°、10°、95°、100° 和 105° 风攻角区域,全索的左右驰振力系数均小于 0。各个节段左右驰振力系数小于 0 的攻角区域有所不同,节段 1 至节段 3 的驰振力系数在 135° 风攻角附近小于 0,节段 4 的驰振力系数在 155° 风攻角附近小于 0,节段 5 和节段 6 在 120° 风攻角附近驰振力系数小于 0。

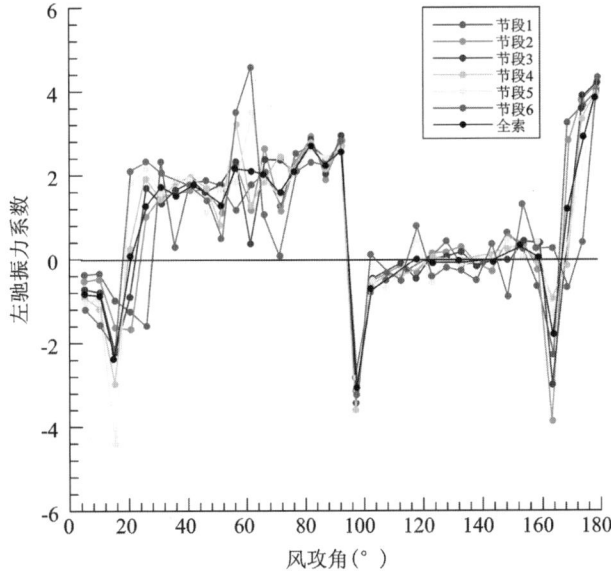

图 8-14 三维变截面 D 形覆冰斜拉索左侧曲线斜率对应的驰振力系数（风速 12 m/s）

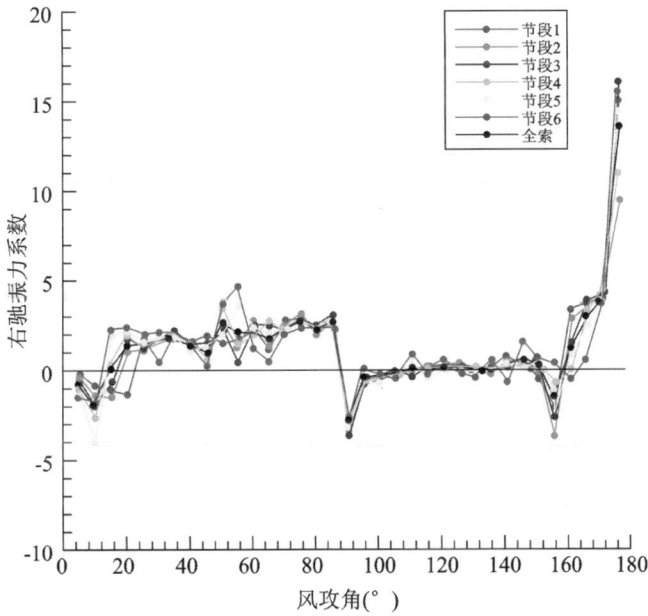

图 8-15 三维变截面 D 形覆冰斜拉索右侧曲线斜率对应的驰振力系数（风速 12 m/s）

表 8-1 各节段及全索左右驰振力系数小于 0 的风攻角区域

节段	风攻角												
1	5°	10°	15°	20°	95°	100°	105°	110°			130°	135°	155°
2	5°	10°	15°		95°	100°	105°	110°				135°	155°

续表 8-1

节段	风攻角											
3	5°	10°	15°		95°	100°	105°	110°			135°	140°	
4	5°	10°			95°	100°	105°	110°					155°	160°
5	5°	10°			95°	100°	105°		120°				
6	5°	10°				105°		120°	125°	130°			
全索	5°	10°			95°	100°	105°						

8.3.6 三维变截面 D 形覆冰斜拉索的驰振临界风速

三维变截面 D 形覆冰斜拉索的临界风速计算以表 7-2 的数据为工程背景，计算的结果汇总于表 8-2 中。在斜拉桥的工程背景下，在 95°风攻角及左驰振力系数条件下，出现 16.1 m/s 的最小驰振临界风速。在 5°、100°、105°风攻角处，驰振临界风速都为 50 m/s。相较于变截面新月形覆冰斜拉索，变截面 D 形覆冰斜拉索发生驰振的风攻角区域较多，但 5°、100°、105°风攻角处，三维变截面 D 形覆冰斜拉索驰振临界风速都为 50 m/s，在实际的天气情况下，比较难发生驰振。

表 8-2 D 形覆冰斜拉索驰振临界风速

风攻角	D 形覆冰斜拉索驰振临界风速	斜拉索编号					
		S1	S2	S3	S4	S5	S6
5°风攻角	左驰振力系数对应的临界风速(m/s)	50	50	50	50	50	50
	右驰振力系数对应的临界风速(m/s)	50	50	50	50	50	50
10°风攻角	左驰振力系数对应的临界风速(m/s)	50	50	50	50	50	50
	右驰振力系数对应的临界风速(m/s)	50	48.7	34.3	32.4	25.9	25.1
95°风攻角	左驰振力系数对应的临界风速(m/s)	32.6	31.3	22.0	20.9	16.6	16.1
	右驰振力系数对应的临界风速(m/s)	50	50	50	50	50	50
100°风攻角	左驰振力系数对应的临界风速(m/s)	50	50	50	50	50	50
	右驰振力系数对应的临界风速(m/s)	50	50	50	50	50	50
105°风攻角	左驰振力系数对应的临界风速(m/s)	50	50	50	50	50	50
	右驰振力系数对应的临界风速(m/s)	50	50	50	50	50	50

本章小结

在三维变截面新月形覆冰斜拉索数值模拟成功的基础上,本章建立三维变截面 D 形覆冰斜拉索模型,进行数值模拟,同样监测各节段的气动力系数,根据 Den Hartog 横向驰振理论判断斜拉索发生驰振的风攻角区域,得到如下结论:

(1) 三维变截面 D 形覆冰斜拉索各个监控截面的压力和速度云图存在明显差异,一定范围内相邻截面的压力和速度分布相似。

(2) 0°风攻角下,各节段阻力系数趋于一个稳定的数值,但相互之间相差较大,覆冰厚度越大,阻力系数值越大。各节段的升力系数运动周期基本一致,约为 0.1 s,在 0 附近上下波动。90°风攻角下,各节段阻力系数曲线的运动周期约为 0.3 s,数值相差不大,同样是覆冰厚度越大,阻力系数越大。各节段升力系数在 0.6 附近做周期波动,节段 1 的运动周期相对比较小。

(3) 在 0°～90°风攻角区域内,阻力系数值与覆冰厚度成正比,各节段阻力系数分别在 30°和 60°风攻角附近达到极大值,在 25°和 90°风攻角附近达到极小值。90°～110°风攻角区域,各节段阻力系数值相差不大。在 110°～180°风攻角区域,各节段阻力系数值随覆冰厚度的增大而减小。

(4) 利用 Den Hartog 驰振公式进行判断,三维变截面 D 形覆冰斜拉索在 5°、10°、95°、105°和 110°风攻角附近左驰振力系数和右驰振力系数均小于 0,有发生驰振的可能性。这些角度刚好也是升力系数随风攻角变化曲线的快速下降段。在斜拉桥的工程背景下,斜拉索最小的驰振临界风速为 16.1 m/s。

9 三维扇形覆冰双索尾流驰振数值模拟

9.1 概述

本章主要研究在风荷载作用下,斜拉桥双索之间的相互作用。对于双索而言,在上游索的尾流域中存在一个不稳定的驰振区域,当下游索正好处在此尾流域中时,由于受到上游索尾流波动的影响,下游索会加大本身的振动,不断加大振动振幅,最后,在一个比较大的位移幅值下达到稳定。国内外学者对典型双圆柱的尾流驰振进行了大量的研究,包括风洞试验与数值模拟两方面。由于斜拉索的结构参数及在风荷载作用下的响应,都与理想双圆柱体存在较大差异,近年来许多学者利用风洞试验及数值模拟对斜拉桥斜拉索的尾流驰振进行了分析,但局限于二维数值分析。为了探究覆冰对双索尾流驰振的影响及分析覆冰双索尾流驰振特性,本章将建立三维扇形覆冰双索模型,与以往研究中的风洞试验及二维模拟[1]进行对比,并与第 5 章中的三维扇形覆冰单索模型进行对比,也为在实际工程中考虑斜拉桥覆冰多索结构尾流驰振时是否需增设阻尼器提供参考。

9.2 双圆柱绕流研究现状

由于圆形截面大量运用于桥梁、管道等工程领域,国内外学者对圆形柱体绕流进行了大量的研究,由单圆柱绕流问题到多圆柱尾流干扰问题。对于双圆柱的绕流一般集中在两柱之间的距离、风攻角及雷诺数等三个影响因素方面。根据双柱的布置形式,可将双柱分为串列布置、竖列布置及错列布置。当风攻角为 0°时为串列布置,当风攻角为 90°时为竖列布置,当风攻角在 0°～90°之间时为错列布置[2],见图 9-1,其中,U 为风速,W 为圆柱圆心距,D 为圆柱直径。本章研究的覆冰双索风向角区域为 0°～90°,即包含了串列布置、竖列布置及错列布置。

根据圆柱的位置关系,将双柱绕流分为尾流干扰和近距干扰[3],对于 0°风

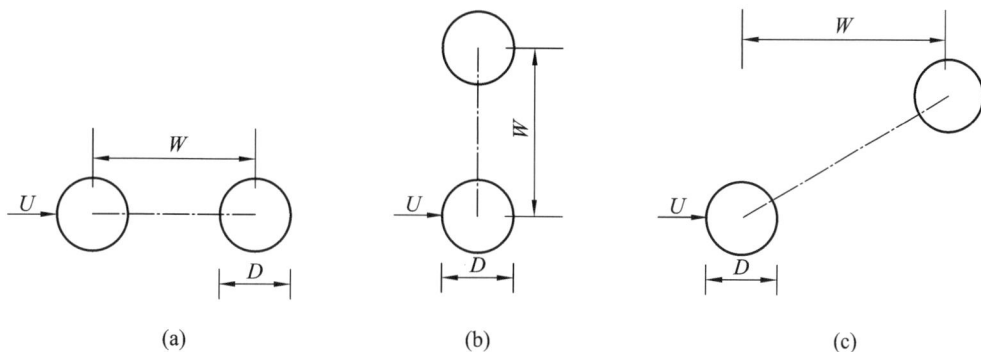

图 9-1 双圆柱在来流方向排列示意图

（a）串列（$\alpha=0°$）；（b）竖列（$\alpha=90°$）；（c）错列（$0°<\alpha<90°$）

向角双索而言，由于下游索受到上游索尾流的影响较大，为尾流干扰类型。对于 90°双索而言，两索互不处于对方的尾流中，但由于邻近索的存在，对斜拉索尾流的形成及脱落存在一定影响，为近距干扰。对于 0°～90°双索而言，既存在尾流干扰也存在近距干扰。

9.2.1 串列双圆柱绕流类型

当双圆柱为串列布置时，根据两柱之间的距离，将双柱绕流行为分为三类：单个钝体行为、剪切层再附行为及双圆柱卡门涡旋脱落行为[4]，见图 9-2。当 $1<W/D\leqslant2$ 时，双柱距离足够近，类似于单个物体绕流，下一章所研究的斜拉索间距为 2 倍索径覆冰双索绕流可认为是单个物体绕流；当 $2<W/D<5$ 时，上游柱的剪切层会再附于下游柱表面且在两柱之间可能会有涡旋形成，本章所研究的斜拉索间距为 4 倍索径覆冰双索绕流可认为是双柱剪切层再附行为；当 $W/D\geqslant5$ 时，上下柱均能形成涡旋脱落，下一章所研究的斜拉索间距为 6 倍索径覆冰双索绕流可认为是双圆柱卡门涡旋脱落行为。

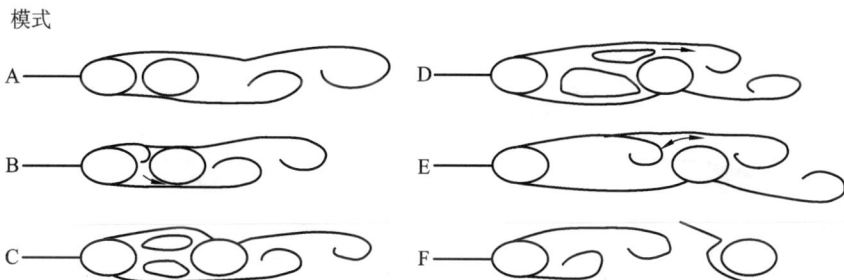

图 9-2 串列双圆柱绕流类型示意图

9.2.2 竖列双圆柱绕流类型

当双圆柱为竖列布置时,根据两柱之间的距离,将双柱绕流行为分为三类:单个钝体绕流行为、复杂的涡街干扰行为及两个独立钝体绕流行为[5],见图9-3。当 $1<W/D\leqslant1.2$ 时,为单个钝体绕流行为;当 $1.2<W/D\leqslant2.2$ 时,为复杂涡街干扰行为;当 $W/D>2.2$ 时,为两个独立钝体绕流行为。

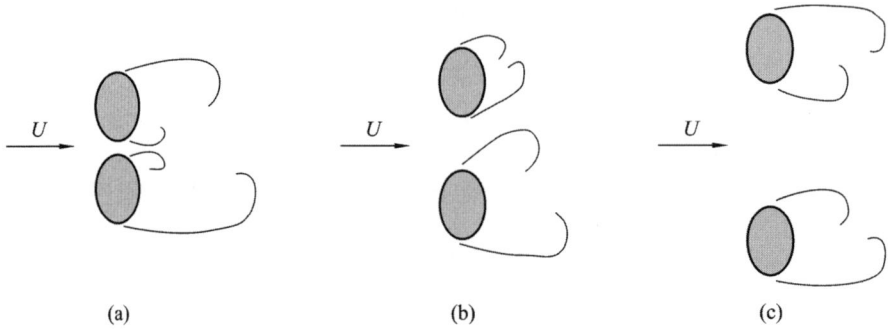

图9-3 竖列双圆柱绕流示意图

(a) $1<W/D\leqslant1.2$;(b) $1.2<W/D\leqslant2.2$;(c) $W/D>2.2$

9.2.3 错列双圆柱绕流类型

当双圆柱为错列布置时,两圆柱的绕流受斜拉索之间的距离、雷诺数及风攻角的影响较大,因此,错列布置双柱绕流类型较多。当 $W/D>2.2$ 时,根据风攻角的大小,将流体类型分为 Type4A 和 Type4B 类[6],Type4A 为风攻角 $10°<\alpha<20°$,Type4B 为风攻角 $20°<\alpha<88°$,具体如图9-4所示。

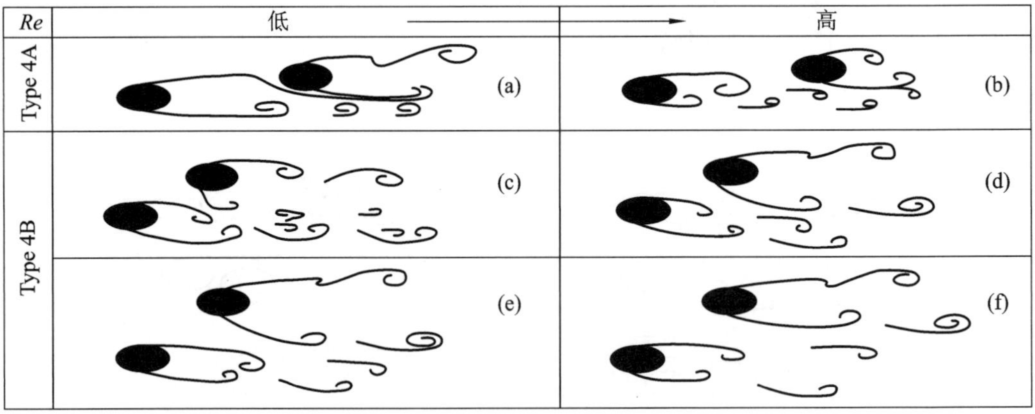

图9-4 错列双圆柱绕流示意图

9.3 三维扇形覆冰双索模型建立与数值模拟方法

双索平行放置,模型的大小及覆冰形式保持和第 5 章的扇形覆冰单索一致,且为了与单索进行对比研究,串列双索流域尺寸保持和单索一致,斜拉索的倾斜角度为 70°。当风攻角为 0°时,为串列布置;当风攻角为 90°时,为竖列布置;当风攻角在 0°~90°范围时,为错列布置。图 9-5 为双索错列布置示意图及区域尺寸。

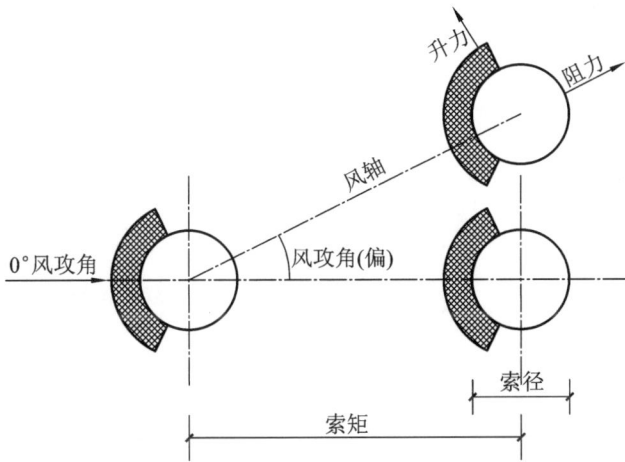

图 9-5   三维扇形覆冰双索风荷载模拟示意图

本章将研究双索的尾流驰振稳定性。查阅文献可知,双索的尾流驰振可分为近距失稳和远距失稳。陈志华等对斜拉索几种典型振动做了总结,认为斜拉索尾流驰振近距失稳发生在斜拉索间距为 1.5~6 倍斜拉索直径范围内[7]。本章将建立两索间距为 4 倍的斜拉索直径,即为 480 mm 串列双索三维模型,对其进行三维数值模拟,研究扇形覆冰双索的尾流驰振特性,覆冰双索模型及区域尺寸见图 9-6。

对三维扇形覆冰平行双索绕流模型进行网格划分,网格划分及数值模拟方法采用和单索相同的方式,但是对于双索而言,对上游索及下游索都进行外 O 形网格划分技术处理,对两索周围的边界层网格进行加密处理,边界层径向网格采用从外到内逐渐加密的方式,网格加密系数为 1.05,在这个过程中,要特别注意节点的对齐及边的关联,尤其当两索间距较近时,网格划分处理有一定困难。扇形覆冰平行双索的网格划分示意图见图 9-7。

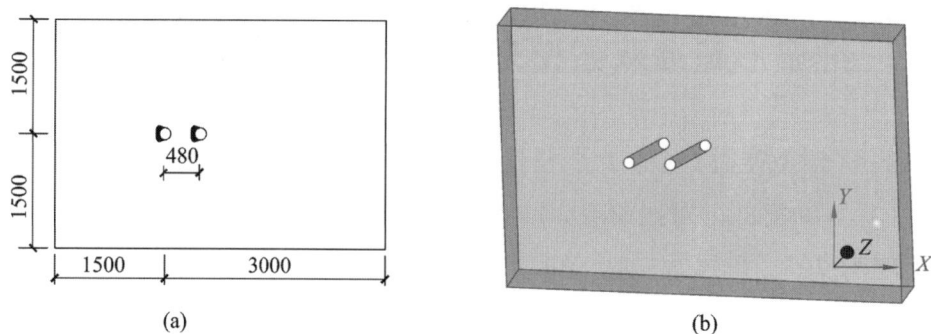

(a) (b)

图 9-6　三维扇形覆冰双索计算区域尺寸及坐标（单位：mm）

（a）区域尺寸；（b）区域坐标

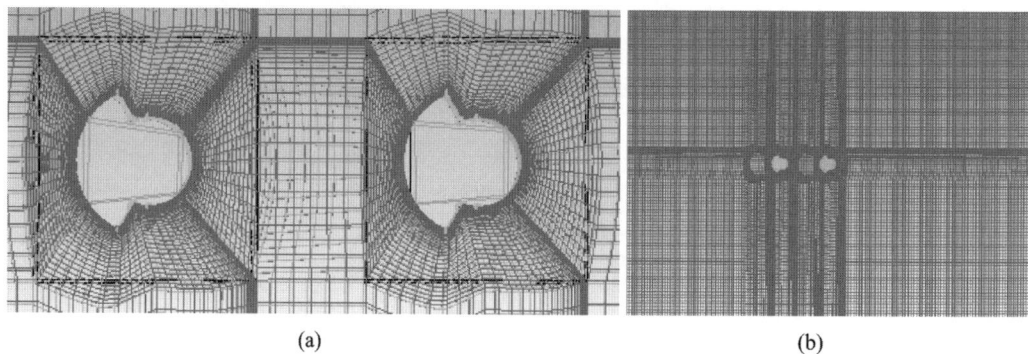

(a) (b)

图 9-7　三维扇形覆冰双索网格划分

（a）局部网格；（b）整体网格

9.4　三维扇形覆冰双索数值模拟结果

9.4.1　典型风攻角下三维扇形覆冰双索流场分布

图 9-8 给出了同一时刻 0°风攻角下三维扇形覆冰双索不同展向高度 $Z=$ 100 mm、$Z=$200 mm、$Z=$300 mm、$Z=$400 mm、$Z=$500 mm、$Z=$600 mm 监控截面的压力云图，从图中可以看出双索均没有出现明显的涡旋脱落，对于上游索而言，在索的迎风面产生最大正压，在斜拉索的背风面出现最大负压，对于斜拉索展向不同高度处，压力的分布形式略有差别，表明不同高度处的气体绕流存在区别，说明双索的绕流不是沿着风向的二维流动，而是空间三维流动。由于本章中斜拉索监控截面高度只相差 100 mm，所以，压力云图差别不明显。而

对于下游索而言,由于下游索处于上游索的尾流域中,所以,下游索的迎风面出现较大的负压,背风面压力为 0 或为负压。

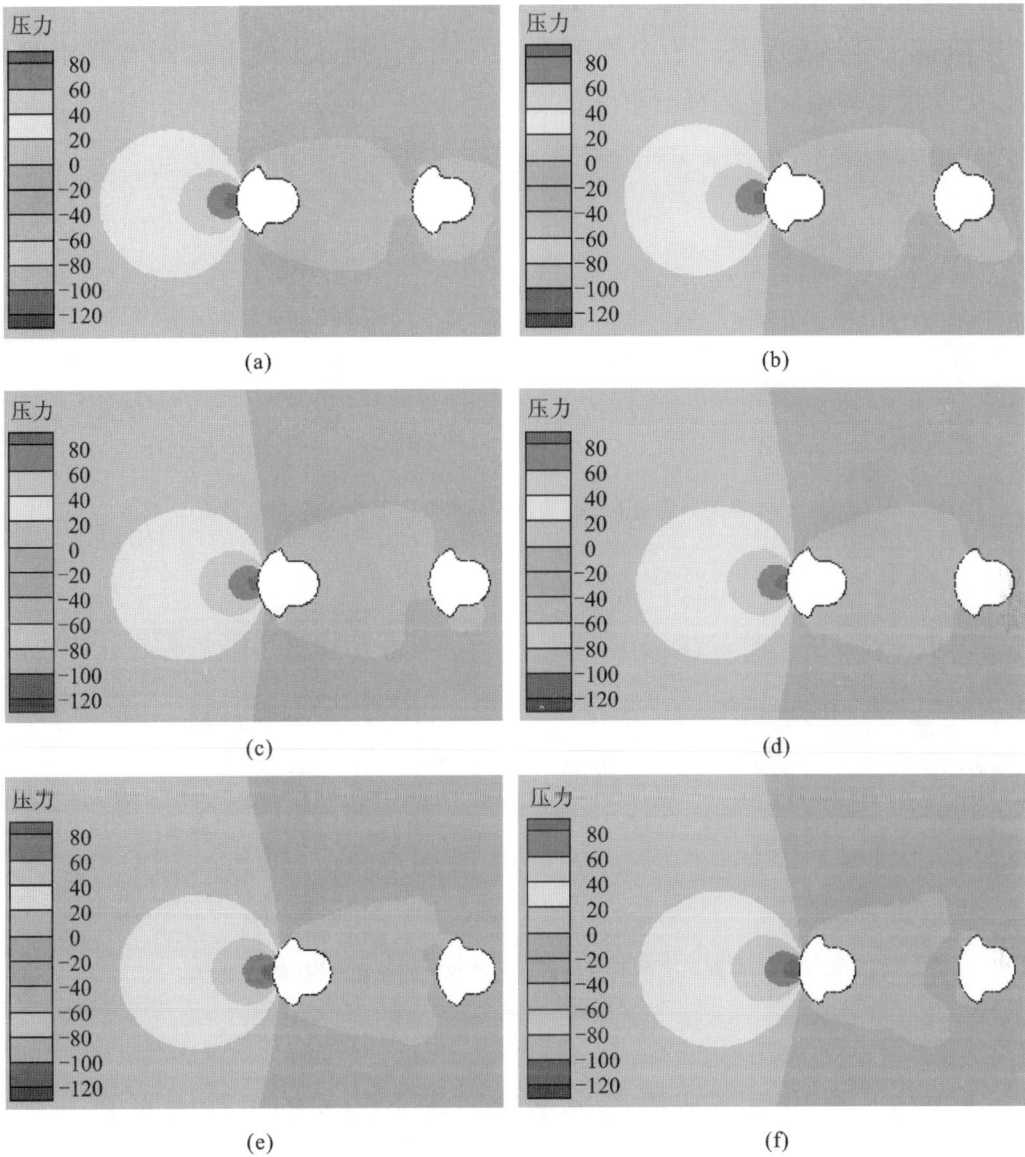

图 9-8 0°风攻角下三维扇形覆冰双索监控截面的压力云图(单位:Pa)

(a)Z=100 mm;(b) Z=200 mm;(c) Z=300 mm;(d) Z=400 mm;(e) Z=500 mm;(f) Z=600 mm

图 9-9 和图 9-10 所示为 0°、90°风攻角下三维扇形覆冰双索的压力云图和速度云图。从图 9-9 压力云图中可以看出,在 0°风攻角时,没有看到明显的尾流涡交替现象,上游索的速度、压力大小及分布形式都和第 5 章中单索的相似,而下游索由于上游索的阻挡作用,在该索的迎风面出现负压,背风面压力为 0

或为负压,且下游索迎风面、背风面及两侧的风速均较小。说明串列双索在风荷载作用下,下游索对上游索气体绕流的影响较小,而上游索对下游索气体绕流的影响较大。而在 90°风攻角时,由于下游索已不再处于上游索的尾流域中,所以两斜拉索的速度及压力分布和单索的相似,但由于两索之间气流相互影响,使得两索的绕流形态都与单索的存在差异。

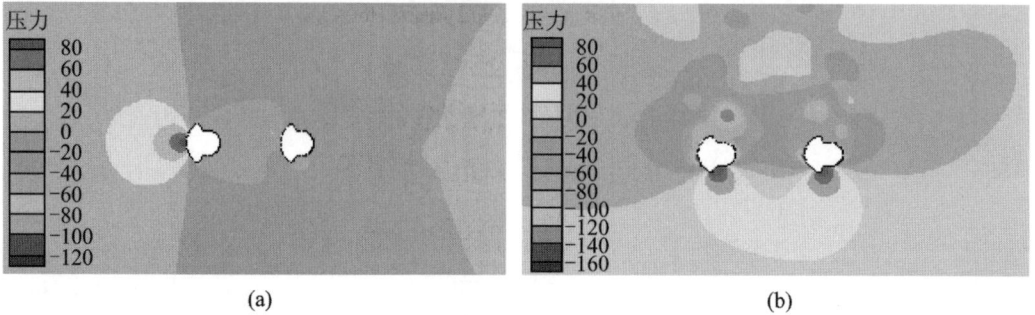

图 9-9　典型风攻角下三维扇形覆冰双索的压力云图(单位:Pa)

(a) 0°风攻角;(b) 90°风攻角

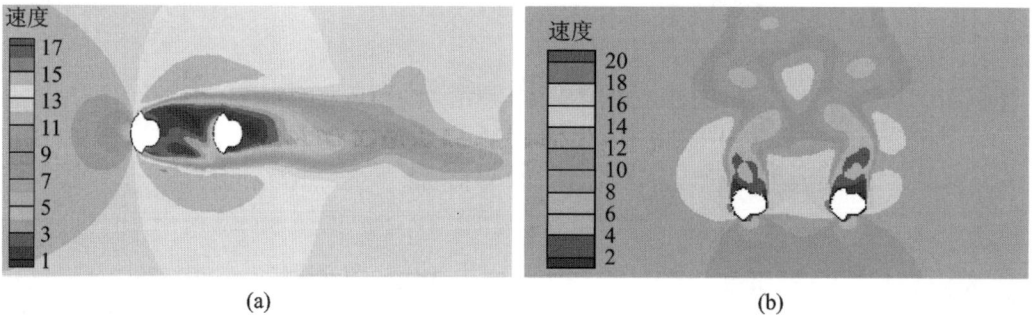

图 9-10　典型风攻角下三维扇形覆冰双索的速度云图(单位:m/s)

(a) 0°风攻角;(b) 90°风攻角

9.4.2　全攻角下三维扇形覆冰双索下游索的气动力系数

图 9-11 是利用 FLUENT 软件对串列双索模型进行三维模拟计算得到的 0°和 90°风攻角下三维扇形覆冰双索下游索的阻力系数和升力系数时程曲线。在 0°风攻角时,由于上游索气流的影响,升力系数在 0.2 s 以前变化规律不太明显,0.2 s 以后,升力系数在 0 左右呈周期性变化,且随着时间的推移,升力系数变化幅值在减小。阻力系数呈现逐渐减小的趋势,有稳定在 0 左右的趋势;在 90°风攻角时,升力系数与阻力系数均呈现周期性变化,升力系数在 0.5 附近周期性变化,阻力系数在 1.0 附近周期性变化,但变化幅值较小。

(a)

(b)

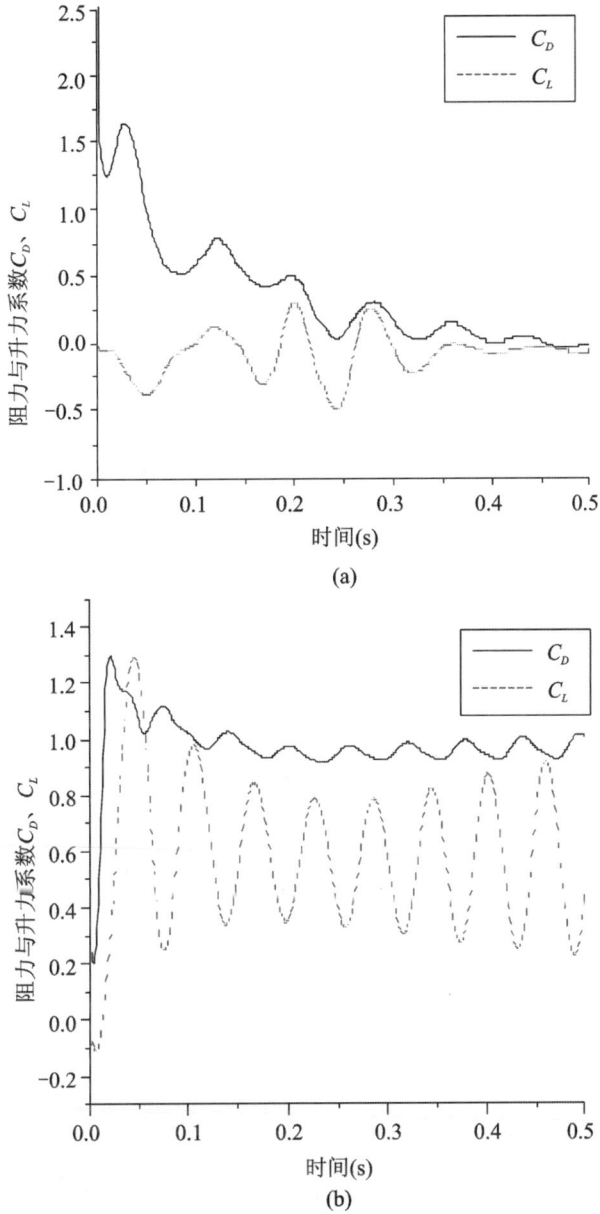

图 9-11 典型风攻角下三维扇形覆冰双索下游索的阻力系数和升力系数时程曲线（风速：12 m/s）

(a) 0°风攻角；(b) 90°风攻角

通过对 0°～90°风攻角之间三维扇形覆冰双索下游索的阻力系数和升力系数时程曲线取平均值，得到下游索各个风向角下的平均阻力系数与平均升力系数，其变化规律如图 9-12 所示。平均阻力系数曲线呈两端高中间低的形状，在 0°～40°风攻角之间呈波动状态，在 10°和 30°风攻角处达到峰值，约为 0.1，在 35°～50°风攻角之间急剧下降，在 50°风攻角处达到最小值，约为 −0.2，在 50°～

90°风攻角之间阻力上升。而对于升力系数而言,呈现两端稍低、中间高的山丘状,在45°风攻角处达到最大值,约为0.26,在0°风攻角处出现最小值,约为-0.05。

将图9-12中三维扇形覆冰双索下游索在0°~90°风攻角之间的气动力系数曲线与第5章中三维扇形覆冰单索的气动力系数曲线相比较,可以看出在平行双索中,下游索的气动力系数变化幅度较大,和单索的气动力变化曲线有较大差异,这说明下游索的尾流驰振和单索的驰振存在较大差异。

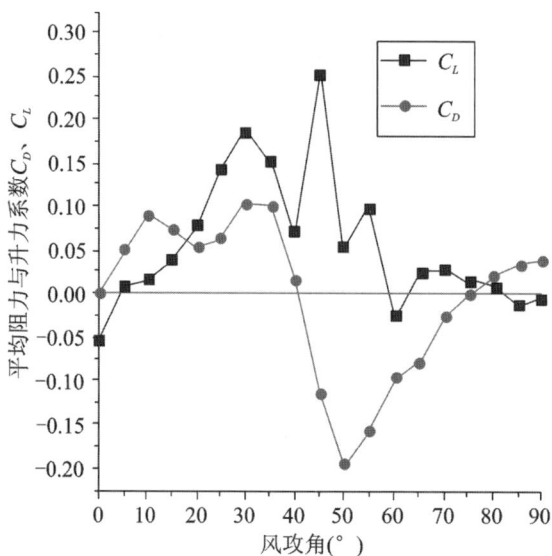

图9-12 三维扇形覆冰双索下游索气动力系数

9.4.3 全攻角下三维扇形覆冰双索的驰振力系数

为判断三维扇形覆冰双索是否发生尾流驰振,与第3章相同,运用式(3-3)计算得到平均升力系数随风攻角变化曲线的斜率值与相应平均阻力系数的矢量和,即驰振力系数。将各风攻角下的驰振力系数用光滑曲线连接,结果如图9-13所示,根据Den Hartog理论,当某风攻角处驰振力系数小于0时,才认为斜拉索产生了驰振运动。下游索在45°、50°、55°、60°、65°、70°风攻角时,驰振力系数都小于0,发生驰振的可能性较大。

9.4.4 三维扇形覆冰双索的尾流驰振临界风速

根据图9-13计算得到的驰振力系数,本章运用式(3-7)计算得到某大跨斜拉桥第一阶频率下的尾流驰振临界风速。表9-1为某大跨斜拉桥部分斜拉索的相关结构参数[8]，计算时取结构阻尼比 0.1%[1]，计算得到 45°、50°、55°、60°、65°、70°风攻角下扇形覆冰双索尾流驰振临界风速，如表 9-2 所示。

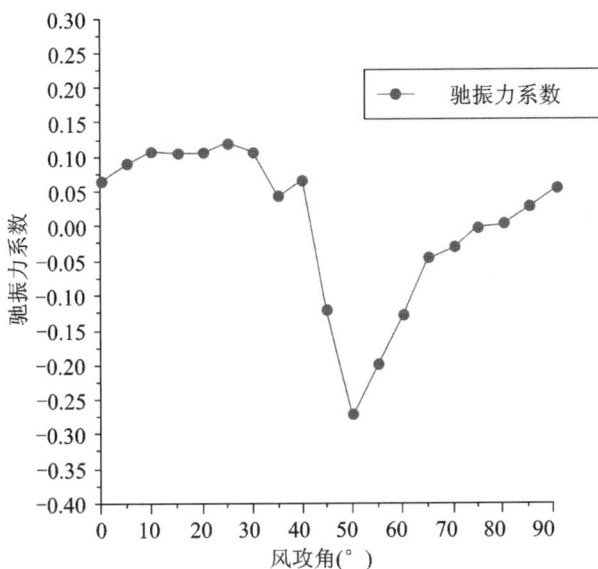

图 9-13　三维扇形覆冰双索下游索驰振力系数

表 9-1　某大跨斜拉桥部分斜拉索相关结构参数

斜拉索编号	$L(\text{m})$	$m(\text{kg/m})$	$f_1(\text{Hz})$	$B(\text{mm})$	$F_t(\text{kN})$
A2	110.09	35.6	1.0178	226.27	1787
A3	119.13	35.6	0.9135	223.70	1686
A4	128.99	35.6	0.9094	221.13	1959
A5	139.89	41.5	0.8207	218.56	2187

表 9-2　扇形覆冰双索尾流驰振临界风速（m/s）

风攻角	斜拉索编号			
	A2	A3	A4	A5
45°风攻角(驰振力系数−0.12255)	21.06	19.11	19.25	20.49
50°风攻角(驰振力系数−0.27593)	9.35	8.49	8.55	9.10
55°风攻角(驰振力系数−0.19921)	12.95	11.76	11.84	12.61
60°风攻角(驰振力系数−0.13477)	19.15	17.38	17.50	18.63
65°风攻角(驰振力系数−0.04878)	52.90	48.02	48.36	51.48
70°风攻角(驰振力系数− 0.03142)	82.12	74.56	75.08	79.92

从表 9-2 中可以看出,扇形覆冰双索在风攻角中间区域 45°、50°、55°、60°对应的驰振力系数较小,计算得出的尾流驰振临界风速也较小,在 65°及 70°风攻角处,虽然驰振力系数小于 0,但计算得出的尾流驰振临界风速较大,下游索发生尾流驰振的可能性较小。尤其在 50°风攻角处,计算得出的最小尾流驰振临界风速仅为 8.49 m/s,极有可能发生尾流驰振。由此可见,对于覆冰双索而言,当两斜拉索处于特定距离,在风攻角中间区域,下游索发生尾流驰振的可能性较大。因此,对于寒冷地区的覆冰双索应采取有效的尾流驰振抑振措施。

本章小结

本章中,通过对三维扇形覆冰双索模型进行网格划分,并用 FLUENT 软件对其进行三维数值模拟,得到了其气动力系数、驰振力系数以及某工况下的斜拉索尾流驰振临界风速,并与第 5 章中的扇形覆冰单索进行对比,得到如下结论:

(1)本章分析了三维扇形覆冰平行双索尾流驰振问题并进行临界风速计算,计算结果表明,下游索在 0°~40°之间驰振力系数大于 0,在 40°~70°之间,驰振力系数小于 0,有发生尾流驰振的可能,在 75°~90°之间,驰振力系数大于 0,不发生尾流驰振。

(2)对比单索和双索风致振动,在对覆冰双索尾流驰振进行分析时发现,上游索的绕流情形和单索相似,而下游索的绕流及气动力系数都和单索存在较大差别,说明覆冰双索在风荷载作用下,下游索对上游索的影响较小,而由于下游索处于上游索的尾流域中,受到上游索尾流扰动的影响,上游索对下游索的影响较大。

(3)本章中两斜拉索间距为 4 倍的斜拉索直径,属于近距失稳。计算得出的扇形覆冰双索尾流驰振临界风速和选取的斜拉索结构参数、覆冰形状及选取的斜拉索间距均有关,相关研究表明,斜拉索之间的间距对尾流驰振临界风速的影响较大。本章计算得出斜拉索间距为 4 倍索径覆冰双索在 50°风攻角处,最小尾流驰振临界风速仅为 8.49 m/s,发生尾流驰振可能性极大。

(4)将本章覆冰双索的三维模拟数值结果与马如进[1]二维模拟的不覆冰双索数值结果对比发现,由于覆冰及索距的影响,两者的双索绕流差异较大,气动力系数变化趋势相似,驰振风攻角存在区别。

参 考 文 献

［1］ 马如进,倪美娟.中间索面斜拉桥并列拉索尾流驰振数值研究[J].振动与冲击,2013,32(10):92-94.

［2］ 胡腾飞,华旭刚.斜拉桥并列超长拉索尾流驰振理论分析与风洞试验研究[D].湖南大学,2015.

［3］ ZDRAVKOVICH M M. The effects of interference between circular cylinders in cross flow [J]. Journal of Fluids and Structures,1987,1:239-261.

［4］ IGARASHI T. Characteristics of the flow around two circular cylinders arranged in tandem [J]. Bulletin of the JSME,1981,24:323-331.

［5］ SUMNER D. Two circular cylinders in cross-flow:A review [J]. Journal of Fluids and Structures,2010,26:849-899.

［6］ ZHOU Y,FENG S X,ALAM M M,et al. Reynolds number effect on the wake of two staggered cylinders [J]. Physics of Fluids,2009,21:105-125.

［7］ 陈志华,李毅佳,王小盾.斜拉桥索的风振现象及天津慈海斜拉桥的抑振措施[J].水钢结构,2007,22(1):65-69.

［8］ 黄贻风,王晓明.覆冰拉索气动特性的数值分析[J].中国公路学报,2016,2(2):70-72.

10 三维扇形覆冰双索对比模型尾流驰振数值模拟

10.1 概述

第 9 章主要对索距为 4 倍索径扇形覆冰平行双索的尾流驰振进行了分析,观察到了明显的尾流驰振现象。胡建华等利用风洞试验对双索尾流驰振进行研究,发现斜拉索之间的距离及风攻角的变化对串列双索尾流驰振影响明显[1],为了与风洞试验进行对比分析,本章将建立斜拉索间距为 2 倍索径及 6 倍索径的扇形覆冰平行双索三维模型,对其进行数值模拟,研究斜拉索之间的距离对覆冰双索尾流驰振的影响。由于第 9 章只研究了扇形覆冰双索模型尾流驰振现象,并未考虑覆冰对双索尾流驰振的影响,因此,本章也将建立无覆冰串列双索三维模型并进行尾流驰振分析,进一步对比研究覆冰对串列双索尾流驰振的影响。

10.2 三维扇形覆冰双索对比模型建立与数值模拟方法

覆冰斜拉索模型及流域尺寸保持和单索一致,双索的尾流驰振可分为近距失稳和远距失稳,根据胡建华[1]论文中提到的,当斜拉索间距与斜拉索直径的比值 $W/D>8.7$ 时,上游索的尾流对下游索影响不明显,为尾流驰振稳定区,当 $W/D<8.7$ 时,上游索的尾流对下游索影响明显,本章将在近距失稳区内,讨论索距及覆冰对尾流驰振的影响,对比模型的排放位置及区域尺寸如图 10-1 所示。

对比模型双索绕流的网格采用结构化网格,网格划分及数值模拟方法采用和单索相同的方式,见图 10-2。

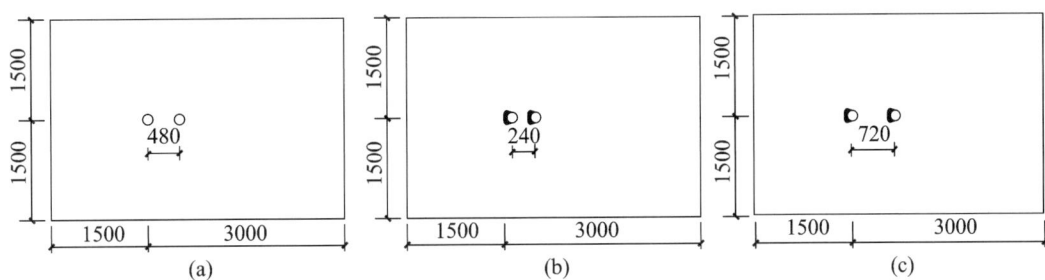

图 10-1   对比模型计算区域尺寸（单位：mm）

（a）无覆冰双索区域尺寸；（b）索距为 2 倍索径扇形覆冰双索区域尺寸；（c）索距为 6 倍索径扇形覆冰双索区域尺寸

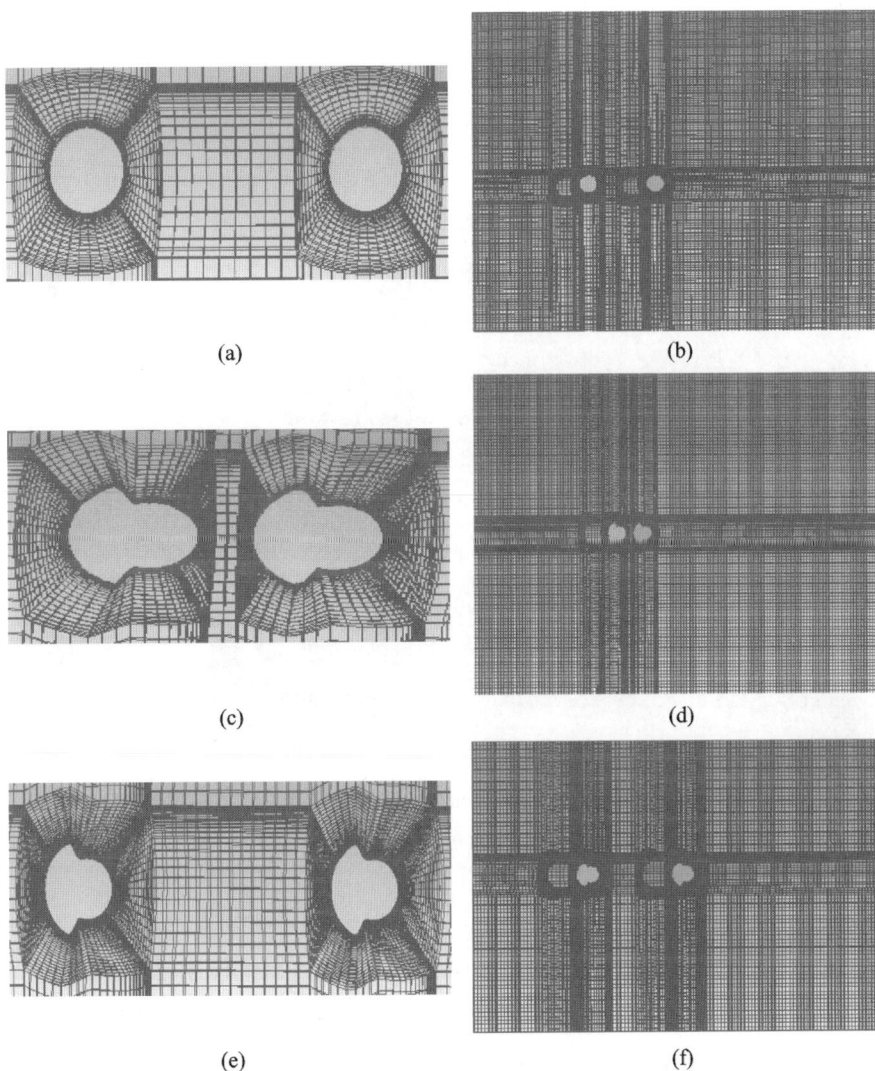

图 10-2   对比模型网格划分

（a）无覆冰双索局部网格；（b）无覆冰双索整体网格；（c）索距为 2 倍索径覆冰双索局部网格；

（d）索距为 2 倍索径覆冰双索整体网格；（e）索距为 6 倍索径覆冰双索局部网格；（f）索距为 6 倍索径覆冰双索整体网格

10.3　三维扇形覆冰双索对比模型数值模拟结果

10.3.1　典型风攻角下三维扇形覆冰双索对比模型流场分布

图 10-3、图 10-4 及图 10-5 分别给出了同一时刻斜拉索间距为 4 倍索径无覆冰双索、斜拉索间距为 2 倍索径扇形覆冰双索及斜拉索间距为 6 倍索径扇形覆冰双索展向高度 $Z=300$ mm 监控截面 $15°$、$30°$、$45°$ 及 $60°$ 风攻角下的总压力云图。

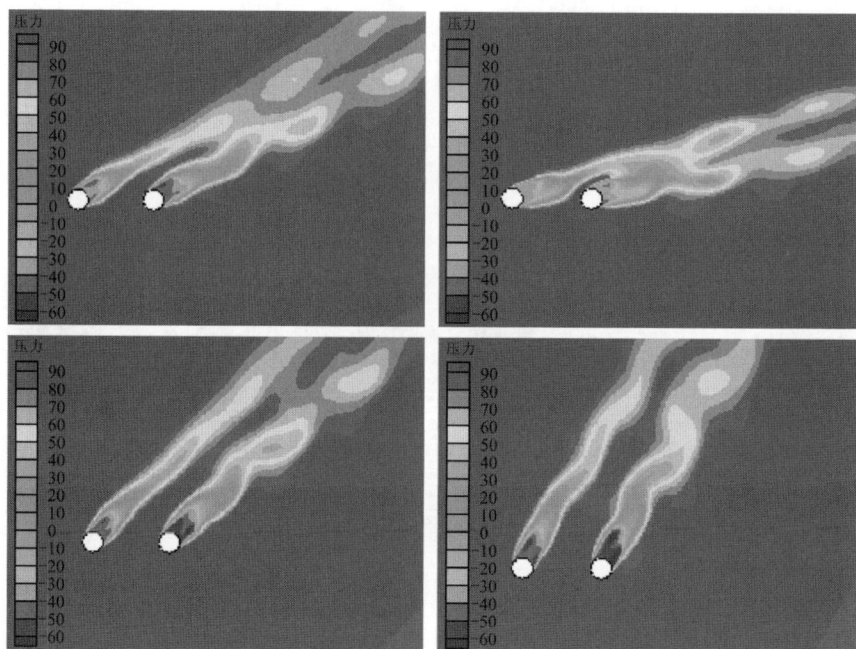

图 10-3　斜拉索间距为 4 倍索径无覆冰双索 $15°$、$30°$、$45°$、$60°$ 风攻角下
监控截面的压力云图（单位：Pa）

对比图 10-3、图 10-4 及图 10-5，可以发现斜拉索间距不同，总压力云图存在很大差别。当斜拉索间距为 2 倍斜拉索直径时，覆冰双索表现为单个钝体绕流行为，两根斜拉索相当于组成一个整体结构，下游索完全处于上游索的尾流域中，随着风攻角的增大，下游索受上游索的影响有所减小，在两索的绕流中没有出现明显的涡旋脱落行为。由图 10-3、图 10-5 可见，当斜拉索间距为 4 倍斜拉索直径及斜拉索间距为 6 倍斜拉索直径时，在压力云图中均出现明显的涡旋脱落，当风攻角为 $15°$ 时，上游索的尾流和下游索的尾流结合在一起，形成复杂

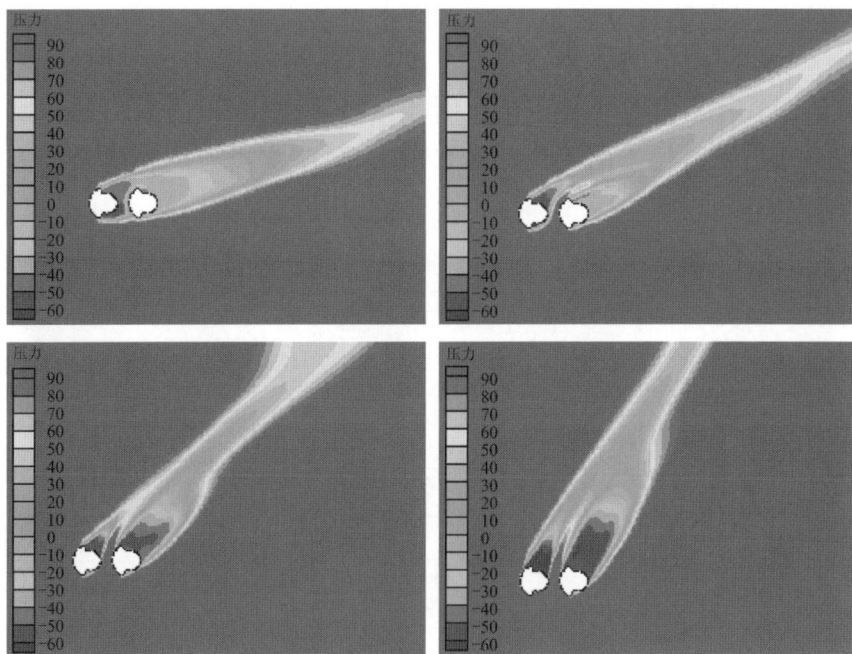

图 10-4　斜拉索间距为 2 倍索径扇形覆冰双索 15°、30°、45°、60°风攻角下
监控截面的压力云图（单位：Pa）

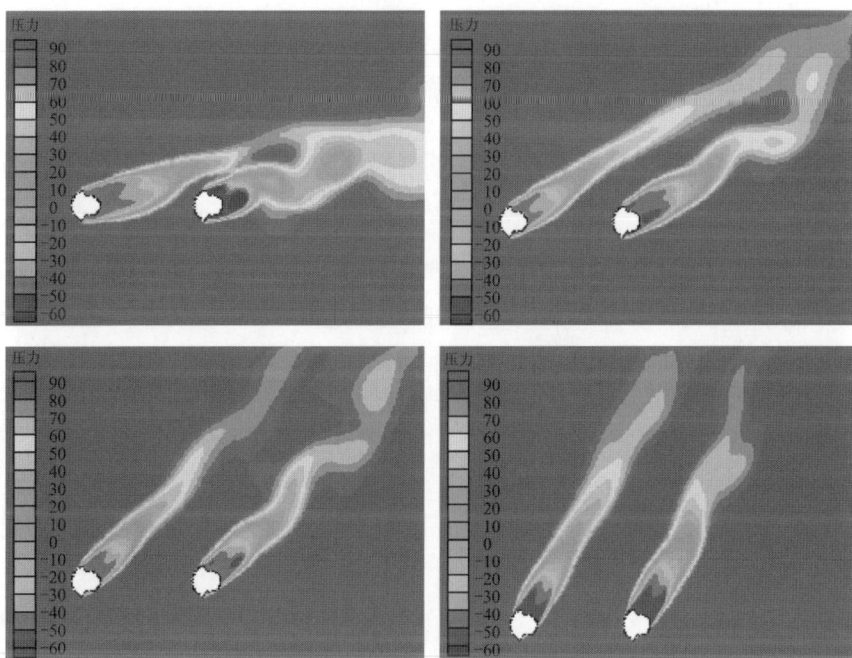

图 10-5　斜拉索间距为 6 倍索径扇形覆冰双索 15°、30°、45°、60°风攻角下
监控截面的压力云图（单位：Pa）

的尾流形态,随着风攻角的增大,上游索的尾流对下游索的尾流影响逐渐减小,双索由尾流干扰问题逐渐转化为近距干扰问题,随着索距及风攻角的增大,双索绕流问题逐渐转化为两根单索绕流问题,当斜拉索间距为 6 倍斜拉索直径且风攻角为 60°时,两斜拉索的尾流相互影响较小,基本类似两根单索绕流形态。

并且从图 10-3~图 10-5 中可知,在斜拉索的迎风面一般出现正压,在斜拉索的背风面一般出现负压,但当斜拉索间距较近且风攻角较小时,下游索完全处于上游索的尾流中,因此,下游索的迎风面也有出现负压的情况,对于不同斜拉索间距的双索,上下游索的压力分布均存在较大区别,且随着风攻角的变化,压力分布变化较大。

图 10-6、图 10-7 及图 10-8 所示为三维扇形覆冰双索对比模型 0°、90°风攻角时,同一时刻斜拉索间距为 4 倍索径无覆冰双索、斜拉索间距为 2 倍索径扇形覆冰双索及斜拉索间距为 6 倍索径扇形覆冰双索展向高度 $Z=300$ mm 监控截面的速度云图。

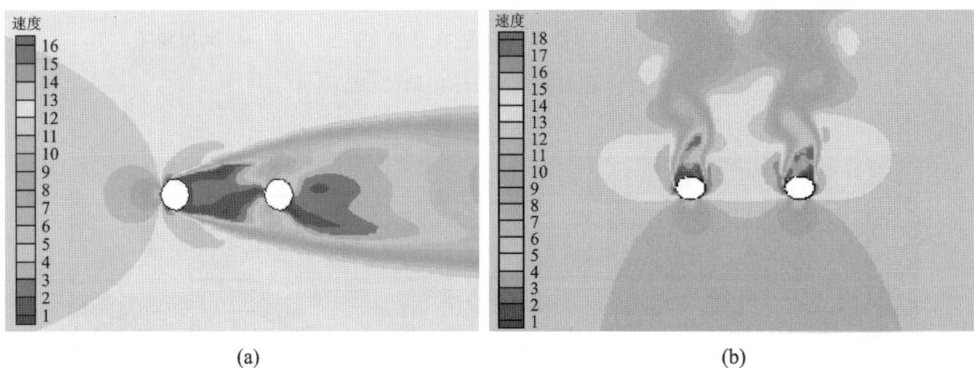

(a)   (b)

图 10-6 斜拉索间距为 4 倍索径无覆冰双索典型风攻角下监控截面的速度云图(单位:m/s)

(a) 0°风攻角;(b) 90°风攻角

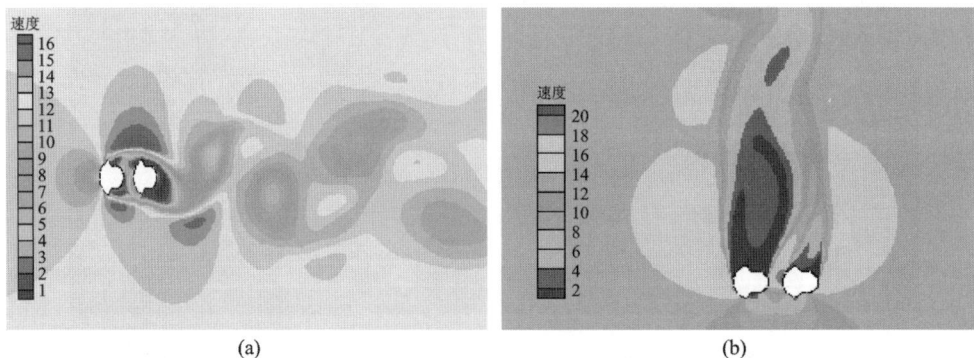

(a)   (b)

图 10-7 斜拉索间距为 2 倍索径扇形覆冰双索典型风攻角下监控截面的速度云图(单位:m/s)

(a) 0°风攻角;(b) 90°风攻角

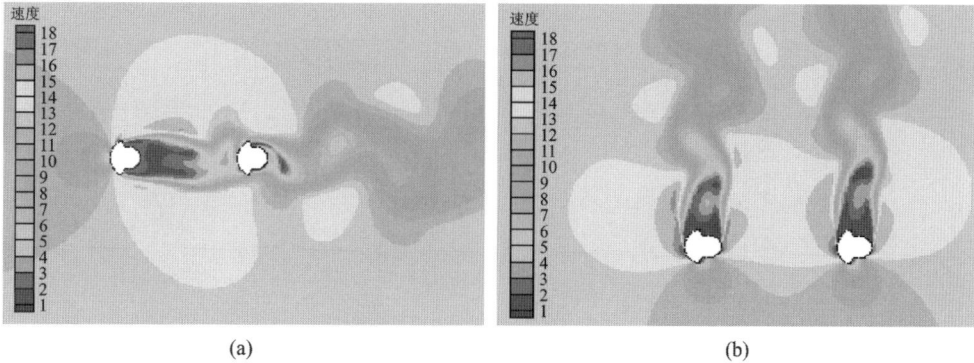

图 10-8 斜拉索间距为 6 倍索径扇形覆冰双索典型风攻角下监控截面的速度云图（单位：m/s）

(a) 0°风攻角；(b) 90°风攻角

从图 10-6～图 10-8 中 0°风攻角下三维扇形覆冰双索对比模型的速度云图中可以看出，无覆冰双索的速度分布和扇形覆冰双索差异较大，无覆冰双索由于迎风面比较光滑，斜拉索两侧的风速相比覆冰斜拉索较小且没有表现出明显的尾流涡交替现象。索距为 2 倍索径与索距为 6 倍索径覆冰双索的速度分布云图及尾流脱落形态均存在较大差异，由此可见，覆冰及斜拉索间距对斜拉索速度分布均存在很大影响。从 90°风攻角下对比模型的速度分布云图可以看出，下游索表现出和上游索相似的速度分布，因为风攻角为 90°时，下游索不再受到上游索尾流的影响。

10.3.2　全攻角下三维扇形覆冰双索对比模型的气动力系数

图 10-9～图 10-11 是利用 FLUENT 软件分别对索距为 4 倍索径不覆冰双索、索距为 2 倍索径扇形覆冰双索及索距为 6 倍索径扇形覆冰双索进行数值模拟，得到的对比模型典型风攻角 0°风攻角下的阻力系数和升力系数时程曲线。在 0°风攻角时，升力系数在 0 附近大致呈周期性变化，对于索距为 2 倍索径扇形覆冰双索，由于索距较近，下游索受上游索的尾流作用明显，升力系数的振幅有增大的趋势，而对于索距为 4 倍索径及 6 倍索径双索，升力系数在 0 附近呈稳定的周期性变化。对于索距为 4 倍索径不覆冰双索，随着时间推移，阻力系数大致稳定在 0.4 左右；对于索距为 2 倍索径扇形覆冰双索，阻力系数大致稳定在 -0.3 左右；对于索距为 6 倍索径扇形覆冰双索，阻力系数变化形式比较复杂，总体呈现下降的趋势，最后大致稳定在 0.5 左右。对比三图可以看出，有无覆冰、斜拉索之间的间距对升力系数和阻力系数时程曲线影响明显。

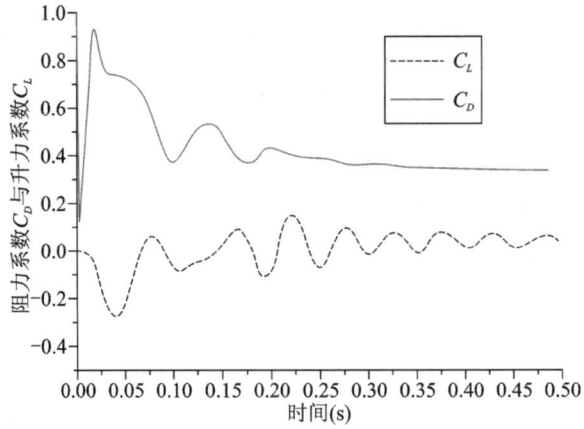

图 10-9　索距为 4 倍索径无覆冰双索 0°风攻角下升力系数和阻力系数时程曲线（风速：12 m/s）

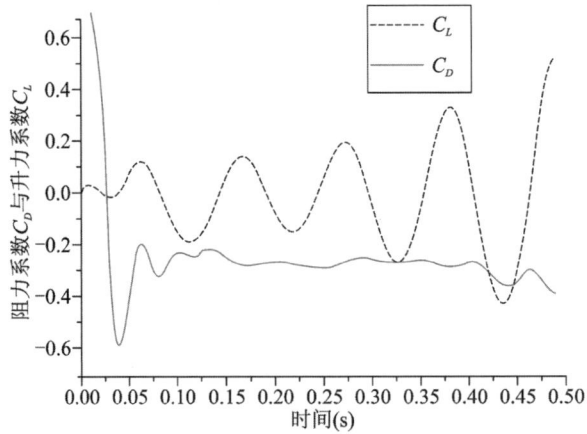

图 10-10　索距为 2 倍索径扇形覆冰双索 0°风攻角下升力系数和阻力系数时程曲线（风速：12 m/s）

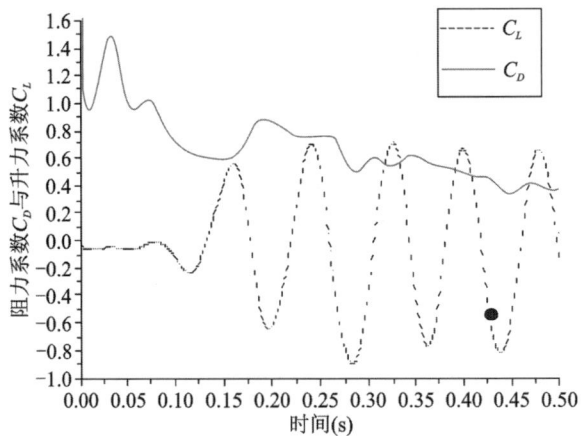

图 10-11　索距为 6 倍索径扇形覆冰双索 0°风攻角下升力系数和阻力系数时程曲线（风速：12 m/s）

通过对三维扇形覆冰双索对比模型 $0°\sim90°$ 风攻角之间的阻力系数和升力系数时程曲线取平均值,得到各个角度下的平均阻力系数与平均升力系数,其随风攻角的变化规律如图 10-12、10-13、10-14 所示。索距为 4 倍索径无覆冰双索,平均阻力系数曲线大致呈现一个上升的形状,在 $0°\sim20°$ 风攻角之间,平均阻力系数呈现急剧的上升,在 $20°\sim90°$ 风攻角之间,平均阻力系数上升得比较平缓,而平均升力系数在 $0°\sim10°$ 风攻角之间呈现一个上升的状态,在 $10°\sim35°$ 风攻角之间呈现平缓下降趋势,在 $35°\sim75°$ 风攻角之间下降幅度增大,在 $75°\sim90°$ 风攻角之间变化不大;对于索距为 2 倍索径扇形覆冰双索,平均阻力系数在

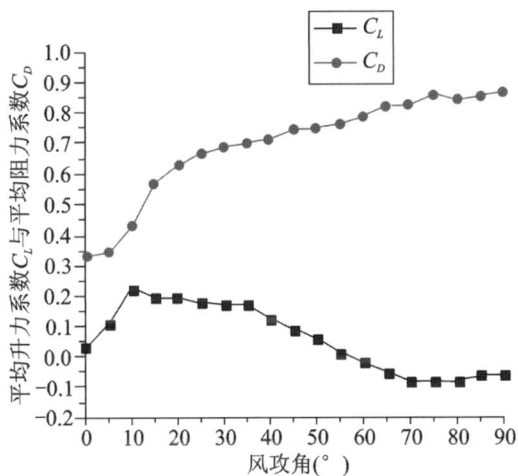

图 10-12　索距为 4 倍索径无覆冰双索的气动力系数(风速:12 m/s)

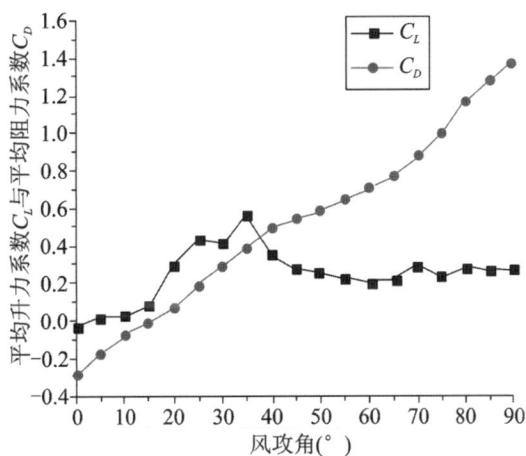

图 10-13　索距为 2 倍索径扇形覆冰双索的气动力系数(风速:12 m/s)

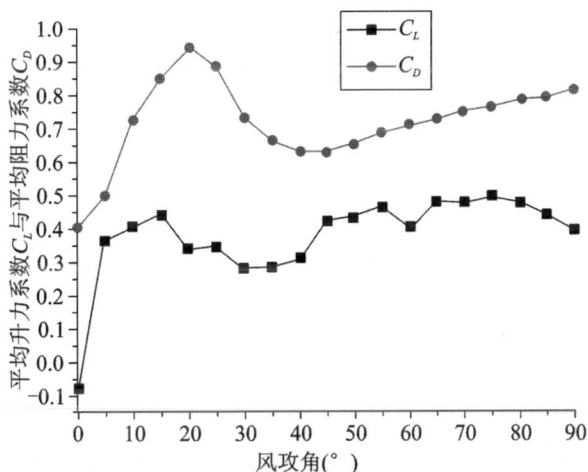

图 10-14　索距为 6 倍索径扇形覆冰双索的气动力系数(风速:12 m/s)

0°～90°风攻角之间保持持续的增长趋势,而平均升力系数在 0°～15°风攻角之间保持平稳状态,在 15°～35°风攻角之间升力系数随风攻角的增大而不断增大,在 35°～60°风攻角之间则下降,在 60°～90°风攻角之间,升力系数随角度的增大变化不大;对于索距为 6 倍索径扇形覆冰双索,阻力系数在 0°～20°风攻角之间上升,在 20°～40°风攻角之间下降,在 40°～90°风攻角之间,阻力系数呈现平缓上升的趋势,而对于升力系数,在 0°～15°风攻角之间,呈上升状态,在 15°～60°风攻角之间,呈现波动状态,在 60°～90°风攻角之间,平均升力系数呈现平缓下降的趋势。

将图 10-12～图 10-14 中对比模型在 0°～90°风攻角之间的气动力系数相互之间作比较并与第 9 章索距为 4 倍索径扇形覆冰双索气动力系数相比较,四图中的气动力变化曲线均存在较大差异,这说明下游索的尾流驰振阻力系数及升力系数平均值受双索有无覆冰及串列双索之间的间距的影响较大。

10.3.3　全攻角下三维扇形覆冰双索对比模型的驰振力系数

为判断三维扇形覆冰双索是否发生尾流驰振,与第 3 章相同,运用式(3-3)计算得到平均升力系数随风攻角变化曲线的斜率值与相应平均阻力系数的矢量和,即驰振力系数。将各风攻角下的驰振力系数用光滑曲线连接,结果如图 10-15～图 10-17 所示,根据 Den Hartog 理论,当某风攻角处驰振力系数小于 0 时,才认为斜拉索产生了驰振运动。

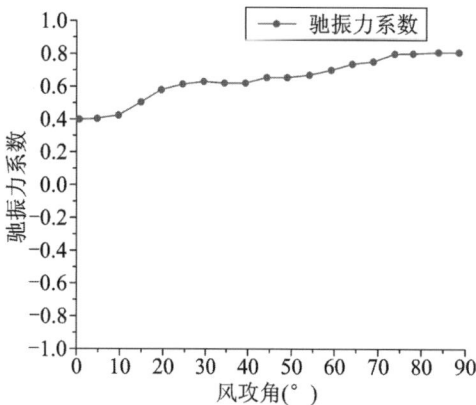

图 10-15　索距为 4 倍索径无覆冰双索
的驰振力系数(风速:12 m/s)

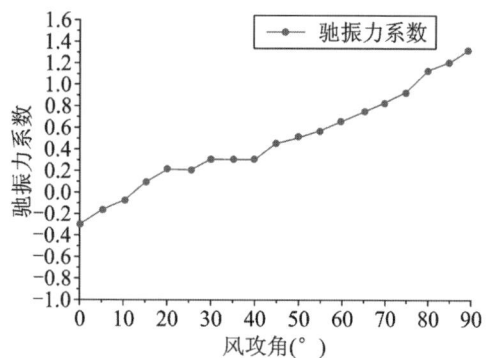

图 10-16　索距为 2 倍索径扇形覆冰双索
的驰振力系数(风速:12 m/s)

10.3.4　三维扇形覆冰双索对比模型的尾流驰振临界风速

从图 10-15～图 10-17 三维扇形覆冰双索对比模型驰振力系数曲线图可以

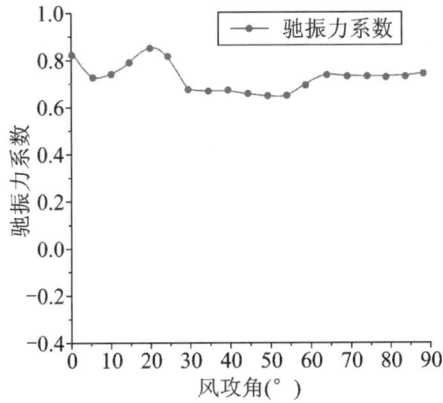

图 10-17 索距为 6 倍索径扇形覆冰双索的驰振力系数(风速:12 m/s)

看出,索距为 4 倍索径无覆冰双索在本章工况下不发生尾流驰振;索距为 2 倍索径扇形覆冰双索在本章工况下会发生尾流驰振,驰振力系数在 0°、5°及 10°风攻角处小于零;索距为 6 倍索径扇形覆冰双索在本章工况下不会发生尾流驰振。本章采用与第 9 章相同的桥梁斜拉索结构参数计算对比模型的尾流驰振临界风速,并与第 9 章进行对比分析。表 10-1 给出了大跨斜拉桥部分斜拉索的相关结构参数[2]。取结构阻尼比为 0.1%,运用与第 9 章相同的计算方法,即运用式(3-7)计算得到某大跨斜拉桥斜拉索第一阶频率下,索距为 2 倍扇形覆冰双索的尾流驰振临界风速。其数值见表 10-2 中的数据。

表 10-1 某大跨斜拉桥斜拉索参数

斜拉索编号	L(m)	m(kg/m)	f_1(Hz)	B(mm)	F_t(kN)
A2	110.09	35.6	1.0178	226.27	1787
A3	119.13	35.6	0.9135	223.70	1686
A4	128.99	35.6	0.9094	221.13	1959
A5	139.89	41.5	0.8207	218.56	2187

表 10-2 索距为 2 倍索径扇形覆冰双索的尾流驰振临界风速

风攻角	斜拉索编号			
	A2	A3	A4	A5
0°风攻角(驰振力系数−0.25833)	9.99	9.07	9.13	9.72
5°风攻角(驰振力系数−0.14108)	18.29	16.60	16.72	17.80
10°风攻角(驰振力系数−0.04881)	52.87	47.99	48.33	51.45

从表10-2中可以看出,索距为2倍索径扇形覆冰双索在0°、5°及10°风攻角处,驰振力系数小于0,且在0°风攻角处,对应的尾流驰振临界风速较小,最小临界风速仅为9.07 m/s,极容易发生尾流驰振。但索距为4倍索径无覆冰双索及索距为6倍索径扇形覆冰双索驰振力系数均大于0,不会发生尾流驰振。

本章小结

本章通过建立对比模型:索距为4倍索径无覆冰双索、索距为2倍索径扇形覆冰双索、索距为6倍索径扇形覆冰双索,并运用FLUENT软件对其进行三维数值模拟,得到下游索的气动力参数、驰振力系数,并计算得到某桥梁斜拉索尾流驰振临界风速,总结得到如下结论:

(1)通过本章无覆冰双索与第9章扇形覆冰双索尾流驰振进行对比,发现无覆冰下游索的压力云图及升、阻力系数都与覆冰双索存在差别。且无覆冰双索尾流驰振系数都大于0,即不发生尾流驰振,而覆冰下游索在特定的风攻角下,驰振力系数小于0,有发生尾流驰振的可能,说明覆冰更易使平行双索发生尾流驰振。

(2)通过本章索距为2倍索径扇形覆冰双索与索距为6倍索径扇形覆冰双索对比发现,索距为2倍索径扇形覆冰双索存在驰振力系数小于0的风攻角区域,且计算得出的尾流驰振临界风速较小,而斜拉索间距为6倍索径扇形覆冰双索驰振力系数都大于0,说明两索之间的间距对覆冰双索的尾流驰振影响很大。

(3)通过本章索距为2倍索径覆冰双索发生尾流驰振的风攻角区域与第9章索距为4倍索径覆冰双索对比,发现当索距为2倍索径时,在0°～10°风攻角区域发生双索的尾流驰振,当索距为4倍索径时,在45°～60°风攻角区域发生双索的尾流驰振,说明索距对覆冰双索发生尾流驰振的风攻角区域有一定影响,索距越近,发生双索尾流驰振的风攻角越小,且索距对覆冰双索尾流驰振临界风速存在一定影响。

(4)可以发现,索距不同,总压力云图存在很大差别。当索距为2倍索径时,覆冰双索表现为单个钝体绕流行为,双索的绕流形态随着索距的变化而变化。随着索距及风攻角的增大,双索绕流问题逐渐转化为两根单索绕流问题,当索距为6倍索径且风攻角为60°时,两斜拉索的尾流相互影响较小,基本类似两根单索绕流形态。

参 考 文 献

[1] 胡建华,赵跃宇,陈政清,等.串列双索气弹模型的风洞试验研究[J].动力学与控制学报,2006,4(2)：179-186.

[2] 黄贻凤,王晓明.覆冰拉索气动特性的数值分析[J].公路,2016(2)：70-72.

11 索距为 4 倍索径三维新月形 覆冰双索数值模拟

11.1 概述

第 9 章、第 10 章主要对三维扇形覆冰双索在近距失稳区的尾流驰振进行了数值模拟分析,为补充不同覆冰类型下覆冰双索尾流驰振的特性,本章将建立索距为 4 倍索径三维新月形覆冰双索模型,分析在近距失稳区新月形覆冰双索的尾流驰振特性。

11.2 索距为 4 倍索径三维新月形覆冰双索模型建立与数值模拟方法

本章覆冰双索选取新月形典型冰型,双索平行放置,斜拉索直径取 120 mm,覆冰厚度取 40 mm,斜拉索模型沿展向的垂直长度选为 600 mm,其模型外形尺寸如图 11-1 所示。

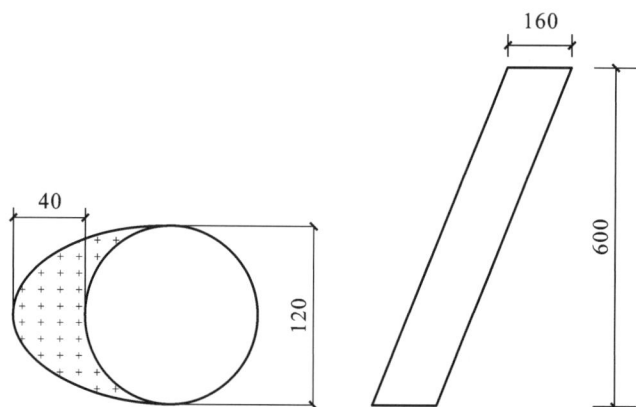

图 11-1 索距为 4 倍索径三维新月形覆冰斜拉索模型示意图(单位:mm)

计算流域采用矩形区域,计算区域的大小取 4.5 m×3 m,上游索的中心放置于原点处,距离上游流体入口 1.5 m,距离下游流体出口 3 m,距离左右流域壁面均为 1.5 m。X 轴正方向为 0°风攻角来流方向,Y 轴正方向为 90°风攻角来流方向,Z 轴为斜拉索的展向长度方向。索距为 4 倍索径三维新月形覆冰双索模型的区域尺寸及区域坐标如图 11-2 所示。

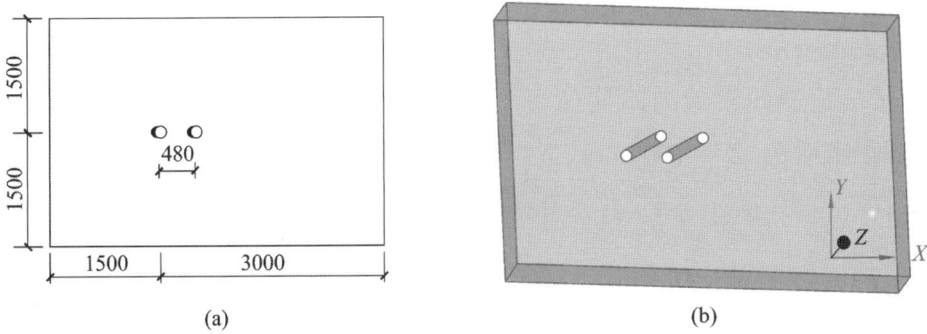

(a)　　　　　　　　　　(b)

图 11-2　索距为 4 倍索径三维新月形覆冰双索模型计算区域尺寸及坐标(单位:mm)

(a) 区域尺寸;(b) 区域坐标

网格划分采用与第 3 章相同的方式,索距为 4 倍索径三维新月形覆冰双索模型网格划分如图 11-3 所示。数值模拟边界条件,设置方法同第 5 章;在 FLUENT 求解软件中,设置方法同第 3 章。

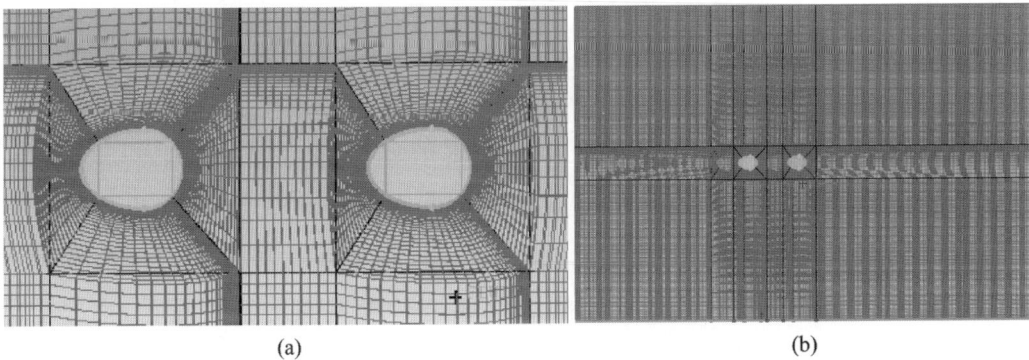

(a)　　　　　　　　　　(b)

图 11-3　索距为 4 倍索径三维新月形覆冰双索模型网格划分

(a) 局部网格;(b) 整体网格

对索距为 4 倍索径三维新月形覆冰双索建立 0°、5°~85°、90°三个覆冰双索模型并进行网格划分,每隔 5°风攻角(风攻角变化范围取 0°~90°)进行一次数值模拟,设置风速的大小和方向,得到索距为 4 倍索径三维新月形覆冰双索各个风攻角下的阻力系数和升力系数时程曲线。

11.3　索距为 4 倍索径三维新月形覆冰双索数值模拟结果

11.3.1　0°风攻角下索距为 4 倍索径三维新月形覆冰双索压力云图

为了分析斜拉索展向不同位置处的压力云图，取模型展向 7 个监控截面，监控截面分别为 $Z=100$ mm、$Z=200$ mm、$Z=300$ mm、$Z=400$ mm、$Z=500$ mm、$Z=600$ mm、$Y=0$。图 11-4 所示为同一时刻 0°风攻角下覆冰双索各个监控截面的压力云图。

从图 11-4 中可以看出不同截面双索脱落涡旋的大小和压力值有着很大的差别。截面 $Z=100$ mm 压力云图中，上游索的迎风面产生最大正压（与截面 $Z=200$ mm、$Z=300$ mm、$Z=400$ mm、$Z=500$ mm、$Z=600$ mm 的迎风面的最大正压值相同），背风面形成一个尾流涡旋，涡旋有脱落的趋势，涡旋中心出现最大负压；下游索处在上游索的尾流域，迎风面产生最大正压，最大正压值小于上游索，背风面及两侧各形成一个尾流涡旋，两侧涡旋中心出现最大负压。截面 $Z=200$ mm 压力云图中，上游索的背风面形成一个尾流涡旋，涡旋中心的最大负压减小；下游索迎风面的最大正压和两侧的最大负压均减小。截面 $Z=300$ mm、$Z=400$ mm、$Z=500$ mm、$Z=600$ mm 压力云图中，上游索背风面的最大负压随截面高度增高逐渐减小至 0；下游索的迎风面的最大正压和两侧的最大负压也随截面高度增高逐渐减小至 0。截面 $Y=0$ 压力云图中，可以直观地看出上游索和下游索的压力值随 Z 的高度不同而不同。新月形覆冰双索的各个监控截面的压力云图说明了双索的绕流不是沿着风向的二维流动，而是空间的三维流动。

11.3.2　典型风攻角下索距为 4 倍索径三维新月形覆冰双索压力云图

图 11-5 所示为同一时刻索距为 4 倍索径三维新月形覆冰双索在展向高度 $Z=300$ mm 的监控截面 0°及 90°风攻角下的压力云图。

从图 11-5 中可以看出，在 0°风攻角时，索距为 4 倍索径三维新月形覆冰双索的压力云图都没有看到明显的尾流涡旋交替现象，其中，上游索的迎风面均

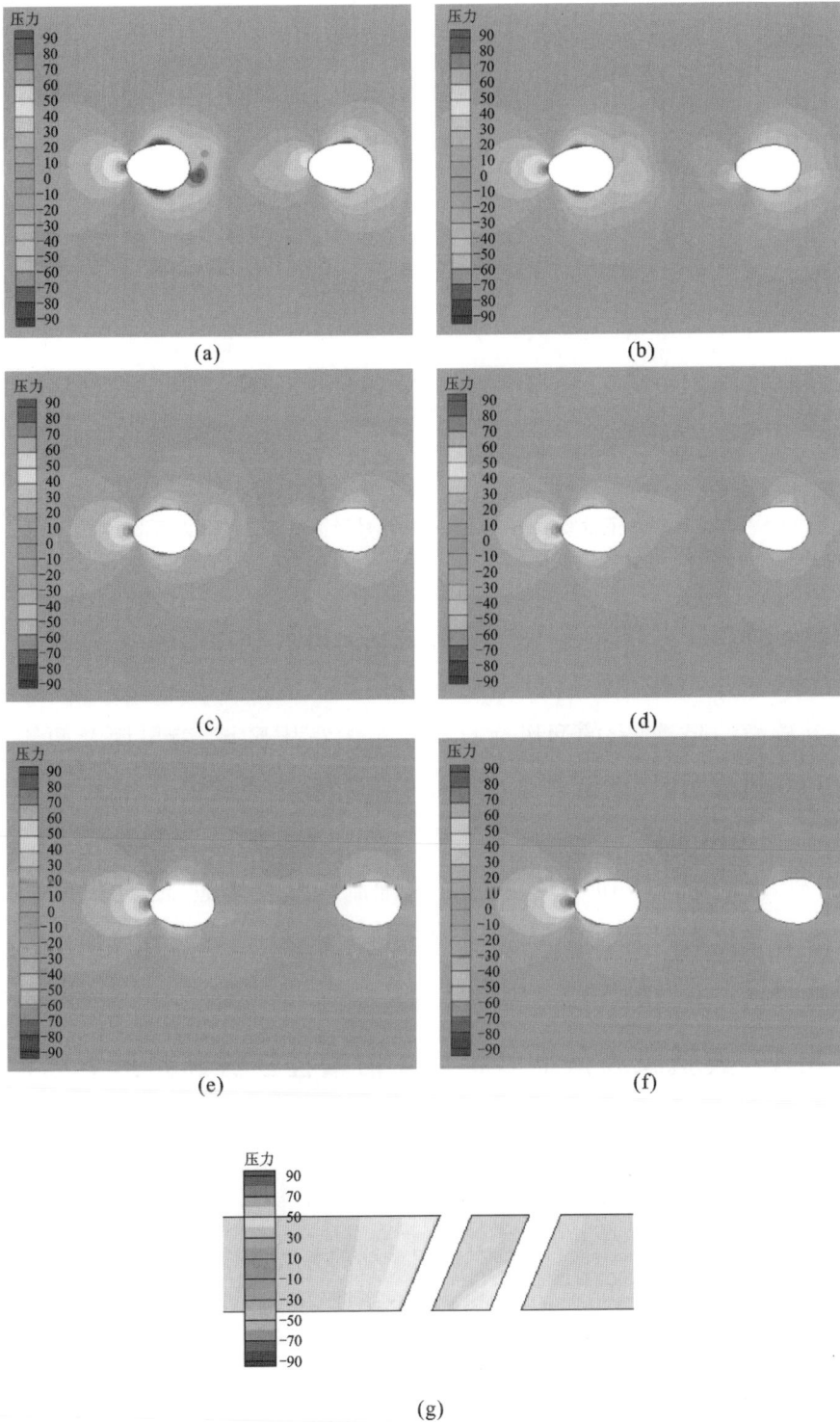

图 11-4　0°风攻角下索距为 4 倍索径三维新月形覆冰双索监控截面的压力云图(单位:Pa)

(a) $Z=100$ mm;(b) $Z=200$ mm;(c) $Z=300$ mm;(d) $Z=400$ mm;(e) $Z=500$ mm;(f) $Z=600$ mm;(g) $Y=0$

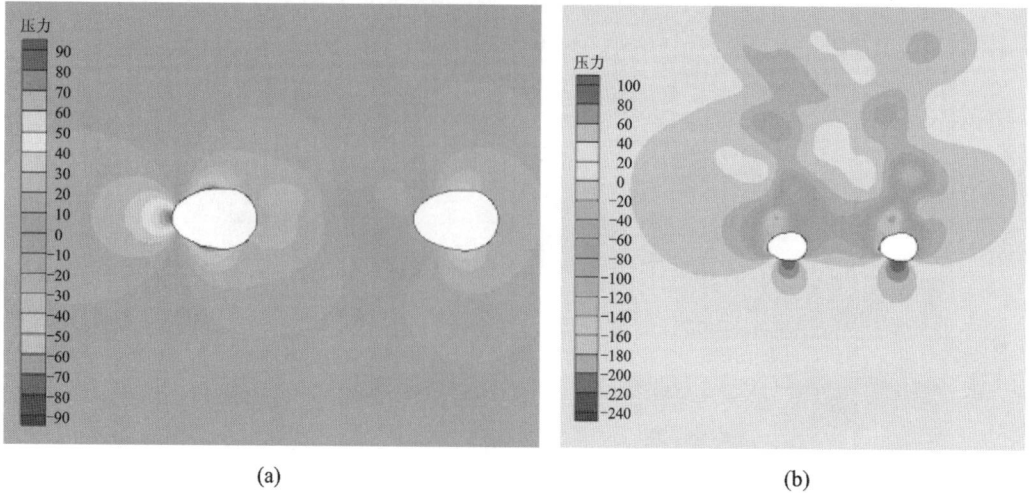

图 11-5　典型风攻角下索距为 4 倍索径三维新月形覆冰双索的压力云图（单位：Pa）

（a）0°风攻角；（b）90°风攻角

为正压区域，且越靠近斜拉索压力值越大，直至出现最大正压，两侧及背风面均为负压区域，在两侧越靠近斜拉索负压力值越大，直至出现最大负压；而下游索，由于上游索的阻挡，索的迎风面只有较小的正压区域，背风面及两侧压力为负压。在 90°风攻角时，下游索已不再处于上游索的尾流域中，索距为 4 倍索径三维新月形覆冰双索的上游索和下游索的压力分布形式都和第 4 章新月形覆冰单索相似，上游索和下游索均有明显的尾流涡旋交替现象，迎风面均为正压区域，越靠近斜拉索压力值越大，直至出现最大正压，两侧及背风面均为负压区域，越靠近斜拉索的涡旋中心负压值越大。

11.3.3　典型风攻角下索距为 4 倍索径三维新月形覆冰双索速度云图

图 11-6 所示为同一时刻索距为 4 倍索径三维新月形覆冰双索在展向高度 $Z=300$ mm 的监控截面 0°及 90°风攻角下的速度云图。

从图 11-6 中可以看出，在 0°风攻角时，索距为 4 倍索径三维新月形覆冰双索的上游索在索的背风面产生最小速度，两侧产生最大速度；下游索完全处于上游索的尾流域中，同样在索的背风面产生最小速度，但最小速度值小于上游索，两侧产生最大速度，最大速度值也小于上游索。在 90°风攻角时，下游索已不再处于上游索的尾流域中，索距为 4 倍索径三维新月形覆冰双索的上游索和下游索都表现出和第 4 章新月形覆冰单索相似的速度分布形式，上游索和下游

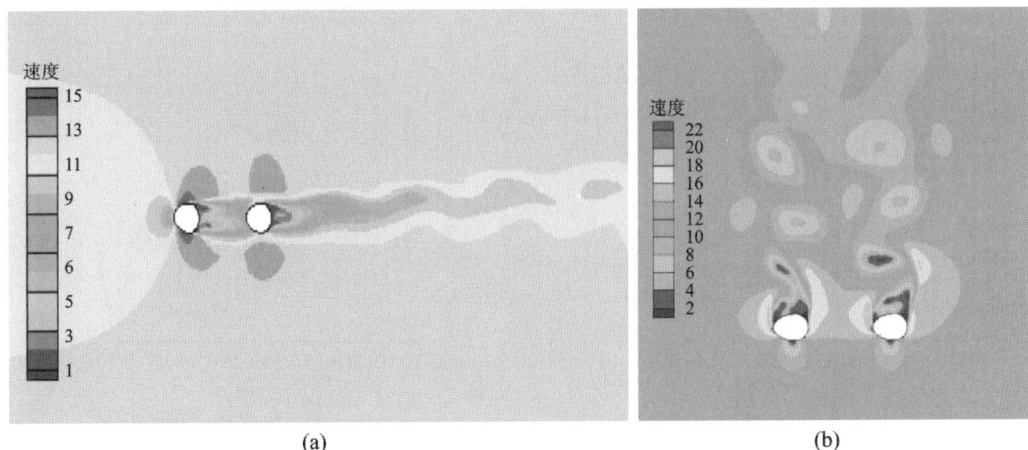

图 11-6　典型风攻角下索距为 4 倍索径三维新月形覆冰双索的速度云图（单位：m/s）

（a）0°风攻角；（b）90°风攻角

索均有明显的尾流涡旋交替现象，两侧产生最大速度，迎风面和背风面均产生最小速度，且背风面越靠近斜拉索的涡旋中心速度值越小。

综上所述，从图 11-5 和图 11-6 可以发现，索距为 4 倍索径三维新月形覆冰双索中，在 0°风攻角时，上游索对下游索的压力和速度分布形式影响较大，下游索对上游索的影响较小；在 90°风攻角时，上游索和下游索之间还是存在气流相互影响，使得两索的压力和速度分布形式与第 4 章新月形覆冰单索在相似的同时还存在一些差异。

11.3.4　全攻角下索距为 4 倍索径三维新月形覆冰双索的气动力系数

图 11-7 是典型风攻角下索距为 4 倍索径三维新月形覆冰双索的阻力系数和升力系数时程曲线。

从图 11-7 可知，在 0°风攻角时，索距为 4 倍索径三维新月形覆冰双索的升力系数从 0 s 开始在 0 附近呈周期性变化，且变化幅值随时间的推移逐渐减小；阻力系数呈逐渐减小趋势，最后大致稳定在 0.4 左右。在 90°风攻角时，索距为 4 倍索径三维新月形覆冰双索的升力系数从 0.05 s 开始在－0.25 附近呈周期性变化，变化幅值随时间的推移逐渐增大，阻力系数大致稳定在 1.25 左右。

对索距为 4 倍索径三维新月形覆冰双索 0°～90°风攻角的阻力系数和升力系数取平均值，得到各个角度下的平均阻力系数和平均升力系数，其随风攻角

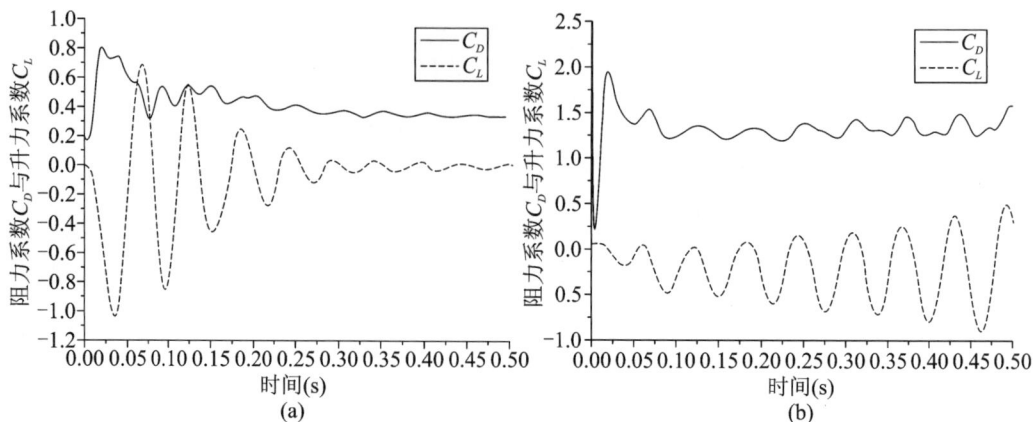

图 11-7　典型风攻角下索距为 4 倍索径三维新月形覆冰双索的阻力系数和升力系数时程曲线(风速:12 m/s)

(a) 0°风攻角;(b) 90°风攻角

的变化规律如图 11-8 所示。索距为 4 倍索径三维新月形覆冰双索的平均升力系数随风攻角变化曲线呈倒"V"状,在 0°~20°风攻角之间急剧上升,在 20°风攻角处达到最大值,约为 0.75;在 20°~90°风攻角之间,呈平缓下降趋势,在 90°风攻角处达到最小值,约为 -0.2。索距为 4 倍索径三维新月形覆冰双索的平均阻力系数随风攻角变化曲线大致呈上升趋势,在 0°风攻角处为最小值,约为 0.35,在 85°风攻角处达到最大值,约为 1.7。

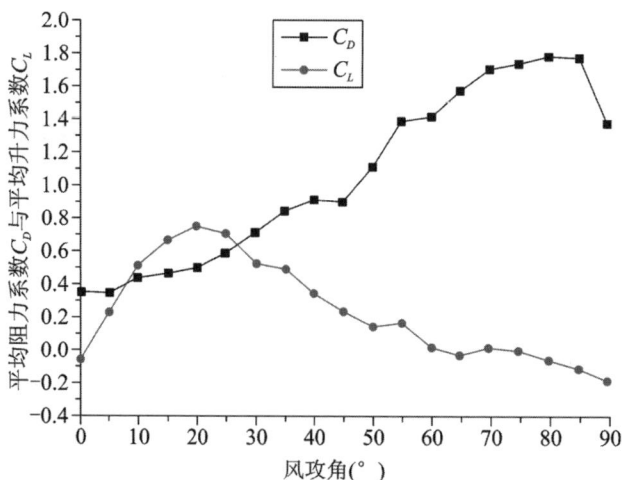

图 11-8　全攻角下索距为 4 倍索径三维新月形覆冰双索的气动力系数(风速:12 m/s)

综上所述,将索距为 4 倍索径三维新月形覆冰双索的气动力系数曲线与第 4 章新月形覆冰单索的气动力曲线对比,可以发现,覆冰双索的下游索的气动力系数变化幅度大于第 4 章新月形覆冰单索的气动力系数,说明覆冰双索的下游索的尾流驰振和覆冰单索存在差异。

11.3.5   全攻角下索距为 4 倍索径三维新月形覆冰双索的驰振力系数

为了判断索距为 4 倍索径三维新月形覆冰双索是否发生尾流驰振,与第 3 章相同,运用公式(3-3)计算得到索距为 4 倍索径覆冰双索模型的下游索各个角度下的驰振力系数,其随风攻角的变化规律如图 11-9 所示,根据 Den Hartog 理论,当某风攻角处驰振力系数小于 0 时,认为斜拉索在该风攻角下处于不稳定状态,即发生驰振。

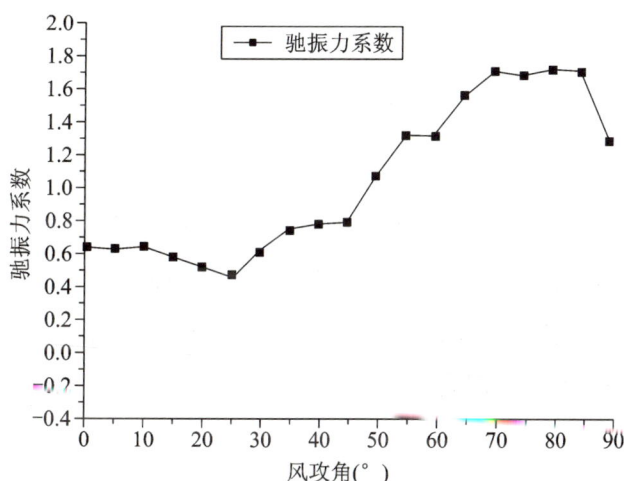

图 11-9   全攻角下索距为 4 倍索径三维新月形覆冰双索的驰振力系数(风速:12 m/s)

从图 11-9 可知,索距为 4 倍索径三维新月形覆冰双索的下游索的驰振力系数在全攻角下都大于 0,即索距为 4 倍索径三维新月形覆冰双索在本章工况下处于稳定状态,发生尾流驰振的可能性较小。另外,索距为 4 倍索径三维新月形覆冰双索的驰振力系数随风攻角变化曲线的变化趋势为:在 0°～25° 风攻角之间呈下降趋势,并在 25° 风攻角处达到最小值,约为 0.45;在 25°～70° 风攻角之间大致呈上升趋势,并在 70° 风攻角处达到最大值,约为 1.7;在 70°～90° 风攻角之间再大致呈下降趋势。

本章小结

本章中,通过建立索距为 4 倍索径(近距失稳区)新月形覆冰双索的三维模型,利用 FLUENT 软件对其进行数值模拟,得到其在典型风攻角下的压力和速度云图,典型风攻角下下游索的阻力系数和升力系数时程曲线以及全攻角下下游索的气动力参数和驰振力系数,得到以下结论:

(1)通过索距为 4 倍索径三维新月形覆冰双索各个监控截面的压力云图可以很直观地看出沿着索的高度的不同,下游索周围的压力值也不同,迎风面的最大正压值和两侧的最大负压值都随着索高度的增加逐渐减小至 0,说明覆冰双索的绕流不是沿着风向的二维流动,而是空间的三维流动。

(2)通过将索距为 4 倍索径三维新月形覆冰双索和第 4 章三维新月形覆冰单索的流场分布进行对比,发现在 0°风攻角时,上游索对下游索的压力和速度分布形式影响较大,下游索对上游索的影响较小;在 90°风攻角时,上游索和下游索之间还是存在气流相互影响,使得两索的压力和速度分布形式与单索在相似的同时还存在一些差异。

(3)通过将索距为 4 倍索径三维新月形覆冰双索和第 4 章新月形覆冰单索的气动力系数曲线进行对比,发现覆冰双索的下游索的气动力系数变化幅度大于覆冰单索,说明覆冰双索的下游索的尾流驰振和覆冰单索存在差异。

(4)索距为 4 倍索径覆冰双索的下游索的驰振力系数在全攻角下都大于 0,即索距为 4 倍索径三维新月形覆冰双索在本章工况下处于稳定状态,发生尾流驰振的可能性较小。

12　索距为 16 倍索径三维新月形覆冰双索数值模拟

12.1　概述

理想双圆柱中上游圆柱的尾流域会形成两个不稳定的区域——近距失稳区和远距失稳区：前者位于圆柱直径的 1.5～6 倍距离范围内，后者位于圆柱直径的 10～25 倍距离范围内[1-2]。第 11 章主要介绍了索距为 4 倍索径三维新月形覆冰双索尾流驰振数值模拟，研究了新月形覆冰双索在近距失稳区尾流驰振的特性，为了与远距失稳区的新月形覆冰双索尾流驰振进行对比分析，本章将建立索距为 16 倍索径三维新月形覆冰双索模型，对其进行数值模拟，研究新月形覆冰双索的尾流驰振在其两个不稳定区域——近距失稳区和远距失稳区的区别与联系。

12.2　索距为 16 倍索径三维新月形覆冰双索模型建立与数值模拟方法

为了与第 11 章进行对比，覆冰斜拉索模型及计算流域尺寸与第 11 章中的索距为 4 倍索径三维新月形覆冰双索模型保持一致，建立索距为 16 倍索径（即为 1920 mm）的三维新月形覆冰双索模型。覆冰双索模型的区域尺寸及区域坐标如图 12-1 所示。

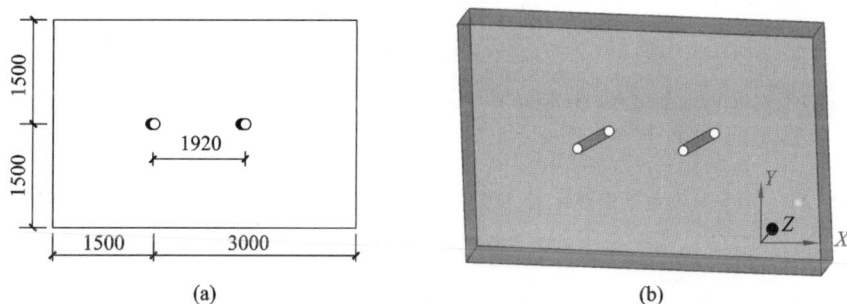

图 12-1　索距为 16 倍索径三维新月形覆冰双索计算区域尺寸及坐标（单位：mm）

(a) 区域尺寸；(b) 区域坐标

索距为 16 倍索径三维新月形覆冰双索模型的网格划分和数值模拟方法采用与第 11 章相同的方式,网格划分如图 12-2 所示。

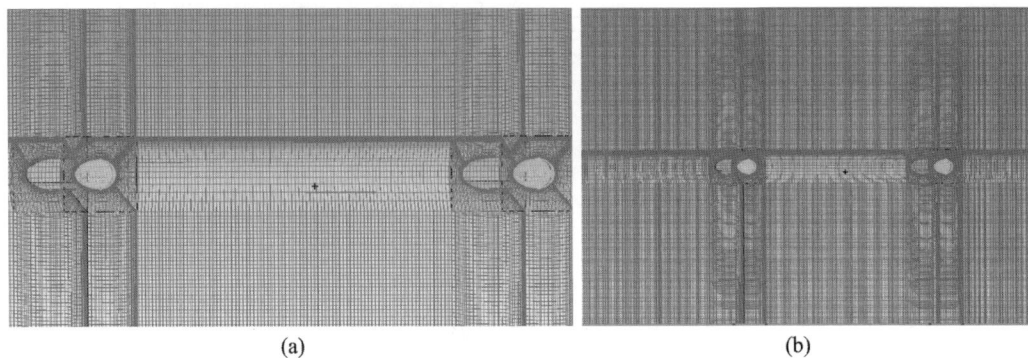

(a)   (b)

图 12-2　索距为 16 倍索径三维新月形覆冰双索网格划分

(a) 局部网格;(b) 整体网格

12.3　索距为 16 倍索径三维新月形覆冰双索数值模拟结果

12.3.1　典型风攻角下索距为 16 倍索径三维新月形覆冰双索压力云图

图 12-3 所示为同一时刻索距为 16 倍索径三维新月形覆冰双索在展向高度 $Z=300$ mm 的监控截面 0°及 90°风攻角下的压力云图。

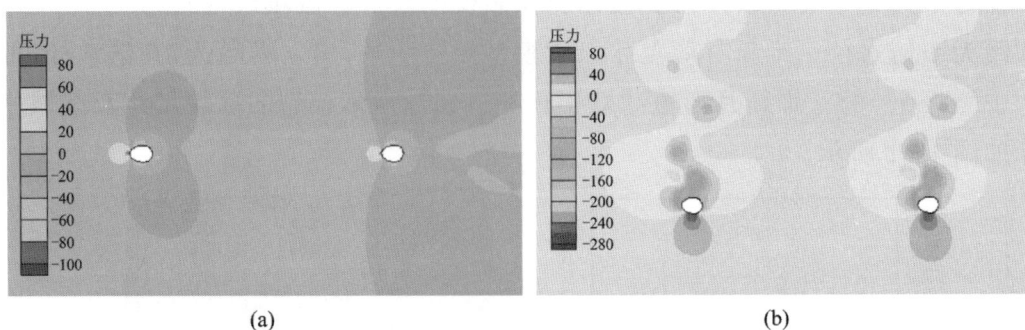

(a)   (b)

图 12-3　典型风攻角下索距为 16 倍索径三维新月形覆冰双索的压力云图(单位:Pa)

(a) 0°风攻角;(b) 90°风攻角

从图 12-3 中可以看出,在 0°风攻角时,索距为 16 倍索径三维新月形覆冰双索的压力云图都没有看到明显的尾流涡旋交替现象,其中,索距为 16 倍索径的上游索的压力云图在压力大小和压力分布形式方面与第 11 章中索距为 4 倍索径三维新月形覆冰双索的上游索相似；索距为 16 倍索径三维新月形覆冰双索的下游索,压力与上游索类似,但由于上游索的阻挡,下游索的正压范围较小,零压及负压范围较大。在 90°风攻角时,下游索已不再处于上游索的尾流域中,索距为 16 倍索径三维新月形覆冰双索的上游索和下游索的压力分布形式都和第 4 章新月形覆冰单索相似,也与第 11 章中索距为 4 倍索径三维新月形覆冰双索相似,只是上游索和下游索的两侧及背风面的尾流涡旋中心的负压值均小于索距为 4 倍索径覆冰双索。

12.3.2　典型风攻角下索距为 16 倍索径三维新月形覆冰双索速度云图

图 12-4 所示为同一时刻索距为 16 倍索径三维新月形覆冰双索在展向高度 $Z=300$ mm 的监控截面 0°及 90°风攻角下的速度云图。

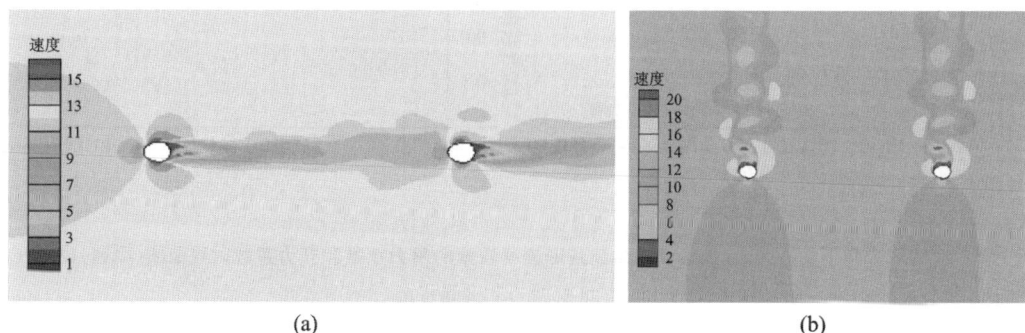

图 12-4　典型风攻角下索距为 16 倍索径三维新月形覆冰双索的速度云图(单位:m/s)

(a) 0°风攻角;(b) 90°风攻角

从图 12-4 中可以看出,在 0°风攻角时,索距为 16 倍索径三维新月形覆冰双索的上游索与第 11 章中索距为 4 倍索径的上游索在速度云图的速度大小和速度分布形式方面都很相似,在索的背风面产生最小速度,两侧产生最大速度;两者下游索的速度云图也相似,都完全处于上游索的尾流域中,同样在索的背风面产生最小速度,两侧产生最大速度。在 90°风攻角时,下游索已不再处于上游索的尾流域中,索距为 16 倍索径三维新月形覆冰双索的上游索和下游索都表现出和第 4 章新月形覆冰单索相似的速度分布,也与第 11 章中索距为 4 倍索径三维新月形覆冰双索相似。

综上所述,将索距为 16 倍索径三维新月形覆冰双索的压力云图和速度云图与第 11 章索距为 4 倍索径三维新月形覆冰双索的进行对比,发现索距为 16 倍索径的两斜拉索的尾流相互影响较小,基本类似两根单索绕流形态,索距为 4 倍索径的两斜拉索之间气流相互影响,与单索存在一点差异,但索距为远距离(16 倍索径)和近距离(4 倍索径)覆冰双索的压力和速度绕流形式基本相似。

12.3.3　全攻角下索距为 16 倍索径三维新月形覆冰双索的气动力系数

图 12-5 是典型风攻角下索距为 16 倍索径三维新月形覆冰双索的阻力系数和升力系数时程曲线。

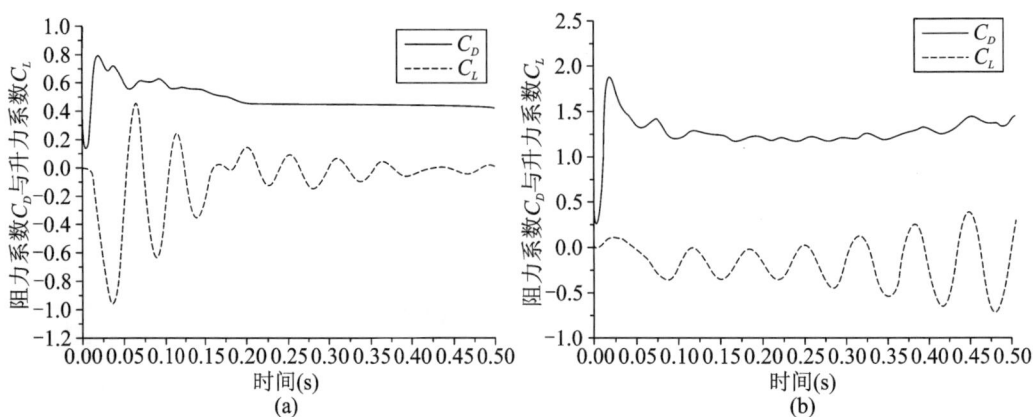

图 12-5　典型风攻角下索距为 16 倍索径三维新月形覆冰双索的阻力系数和升力系数时程曲线(风速:12 m/s)
(a) 0°风攻角;(b) 90°风攻角

从图 12-5 可知,在 0°风攻角时,索距为 16 倍索径三维新月形覆冰双索的升力系数时程曲线与第 11 章索距为 4 倍索径三维新月形覆冰双索相似,也从 0 s 开始在 0 附近呈周期性变化,且变化幅值随时间的推移逐渐减小,但索距为 16 倍索径的升力系数时程曲线振幅在前半段比索距为 4 倍索径的稍小,而后半段则比索距为 4 倍索径的稍大;索距为 16 倍索径三维新月形覆冰双索的阻力系数时程曲线也与第 11 章索距为 4 倍索径三维新月形覆冰双索相似,呈逐渐减小趋势,最后大致稳定在 0.4 左右,但索距为 16 倍索径的阻力系数时程曲线振幅比索距为 4 倍索径的稍小。在 90°风攻角时,索距为 16 倍索径三维新月形覆冰双索的升力系数时程曲线与第 11 章索距为 4 倍索径三维新月形覆冰双索相似,也从 0.05 s 开始在 -0.25 附近呈周期性变化,变化幅值逐渐增大,但索距为 16 倍索径的升力系数时程曲线的振幅比索距为 4 倍索径的稍小;索距为 16

倍索径三维新月形覆冰双索的阻力系数时程曲线也与第 11 章索距为 4 倍索径覆冰双索相似,阻力系数大致稳定在 1.25 左右,但索距为 16 倍索径的阻力系数时程曲线的振幅比索距为 4 倍索径的稍小。

对索距为 16 倍索径三维新月形覆冰双索 0°～90°风攻角的阻力系数和升力系数取平均值,得到各个角度下的平均阻力系数和平均升力系数,其随风攻角的变化规律如图 12-6 所示。索距为 16 倍索径三维新月形覆冰双索的平均升力系数随风攻角变化曲线与第 11 章索距为 4 倍索径三维新月形覆冰双索相似,呈倒"V"状,在 0°～20°风攻角之间急剧上升,在 20°风攻角处达到最大值,约为 0.85,略大于索距为 4 倍覆冰双索;在 20°～90°风攻角之间,呈平缓下降趋势,在 90°风攻角处达到最小值,约为 −0.2,与索距为 4 倍覆冰双索的相同。索距为 16 倍索径三维新月形覆冰双索的平均阻力系数随风攻角变化曲线与第 11 章索距为 4 倍索径覆冰双索相似,大致呈上升趋势,在 0°风攻角处为最小值,约为 0.4,略大于索距为 4 倍索径三维新月形覆冰双索,在 70°风攻角处达到最大值,约为 1.7,与索距为 4 倍索径三维新月形覆冰双索相同。

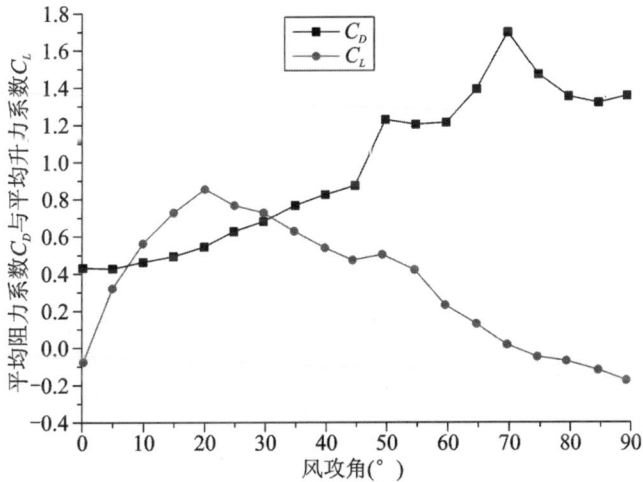

图 12-6　全攻角下索距为 16 倍索径三维新月形覆冰双索的气动力系数(风速:12 m/s)

综上所述,将索距为 16 倍索径三维新月形覆冰双索典型风攻角下的阻力系数和升力系数时程曲线及气动力系数变化曲线与第 11 章索距为 4 倍索径三维新月形覆冰双索进行对比,发现索距为近距离(4 倍索径)和远距离(16 倍索径)覆冰双索的典型风攻角下阻力系数和升力系数时程曲线及气动力系数变化曲线的变化趋势和数值基本相同,由于索距不同所产生的差异小到可以忽略不计。

12.3.4 全攻角下索距为 16 倍索径三维新月形覆冰双索的驰振力系数

为了判断索距为 16 倍索径三维新月形覆冰双索是否发生尾流驰振,与第 3 章相同,运用公式(3-3)计算得到索距为 16 倍索径三维新月形覆冰双索的下游索各个角度下的驰振力系数,其随风攻角的变化规律如图 12-7 所示,根据 Den Hartog 理论,当某风攻角处驰振力系数小于 0 时,认为斜拉索在该风攻角下处于不稳定状态,即发生驰振。

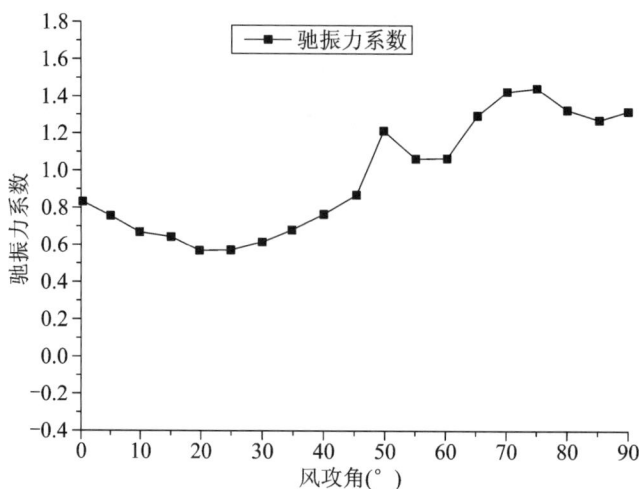

图 12-7   全攻角下索距为 16 倍索径三维新月形覆冰双索的驰振力系数(风速:12 m/s)

从图 12-7 可知,索距为 16 倍索径三维新月形覆冰双索的下游索的驰振力系数在全攻角下都大于 0,即索距为 16 倍索径三维新月形覆冰双索在本章工况下处于稳定状态,发生尾流驰振的可能性较小。另外,索距为 16 倍索径三维新月形覆冰双索的驰振力系数随风攻角变化曲线的变化趋势为:在 0°～25°风攻角之间呈平缓下降趋势,并在 25°风攻角处达到最小值,约为 0.55;在 25°～50°风攻角之间呈上升趋势;在 50°～60°风攻角之间呈下降趋势;在 60°～75°风攻角之间呈上升趋势,并在 75°风攻角处达到最大值,约为 1.4;在 75°～90°风攻角之间再大致呈下降趋势。与第 11 章索距为 4 倍索径三维新月形覆冰双索的驰振力系数随风攻角变化曲线相比,除索距为 16 倍索径三维新月形覆冰双索的驰振力系数在个别风攻角处比较突出外,其它的大致变化趋势基本相同。

本章小结

通过建立索距为 16 倍索径（远距失稳区）新月形覆冰双索的三维模型，利用 FLUENT 软件对其进行数值模拟，得到其在典型风攻角下的压力和速度云图、典型风攻角下下游索的阻力系数和升力系数时程曲线以及全攻角下下游索的气动力参数和驰振力系数，并与第 11 章索距为 4 倍索径（近距失稳区）新月形覆冰双索进行对比，得到以下结论：

（1）通过将索距为 16 倍索径三维新月形覆冰双索的压力、速度云图与第 11 章索距为 4 倍索径三维新月形覆冰双索的对比发现，索距为 16 倍索径的两斜拉索的尾流相互影响较小，基本类似两根单索绕流形态，索距为 4 倍索径的两斜拉索之间气流相互影响，与单索存在一点差异，但索距为远距离（16 倍索径）和近距离（4 倍索径）覆冰双索的压力和速度绕流形式基本相同。

（2）通过将索距为 16 倍索径三维新月形覆冰双索的典型风攻角下阻力和升力系数时程曲线、气动力系数变化曲线与第 11 章索距为 4 倍索径覆冰双索进行对比发现，索距为远距离（16 倍索径）和近距离（4 倍索径）覆冰双索的典型风攻角下阻力系数和升力系数时程曲线、气动力系数变化曲线的变化趋势和数值基本相同，由于索距不同所产生的差异小到可以忽略不计。

（3）索距为 16 倍索径三维新月形覆冰双索的下游索的驰振力系数在全攻角下都大于 0，即索距为 16 倍索径三维新月形覆冰双索在本章工况下处于稳定状态，发生尾流驰振的可能性较小。另外，索距为 16 倍索径三维新月形覆冰双索的驰振力系数随风攻角变化曲线的变化趋势与第 11 章索距为 4 倍索径三维新月形覆冰双索基本相同。

（4）从结论（1）、（2）、（3）中可以得出一个重要结论：覆冰双索上游索的尾流域中存在两个驰振特性相似的区域，分别为近距区与远距区。

参 考 文 献

[1] BRIKA D,LANEVILLE A. Wake interference between two circular cylinders [J]. Journal of Wind Engineering and Industrial Aerodynamics,1997,72:61-70.

[2] TOKORO S,KOMATSU H,NAKASU M,et al. A study on wake-galloping employing full aeroelastic twin cable model [J]. Journal of Wind Engineering and Industrial Aerodynamics,2000,88:247-261.

13 索距为 4 倍索径三维 D 形覆冰双索数值模拟

13.1 概述

第 11 章主要介绍了索距为 4 倍索径三维新月形覆冰双索尾流驰振数值模拟,研究了新月形覆冰双索尾流驰振的特性,为了与不同覆冰类型的覆冰双索尾流驰振进行对比分析,本章将建立索距为 4 倍索径三维 D 形覆冰双索模型,对其进行数值模拟,研究覆冰类型对覆冰双索尾流驰振的影响。

13.2 索距为 4 倍索径三维 D 形覆冰双索模型建立与数值模拟方法

本章覆冰双索选取 D 形典型冰型,双索平行放置,斜拉索直径取 120 mm,覆冰厚度取 40 mm,斜拉索模型展向长度选为 600 mm,其模型外形尺寸如图 13-1 所示。

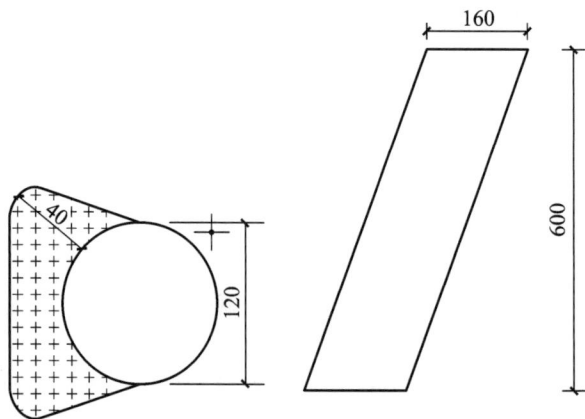

图 13-1 三维 D 形覆冰斜拉索模型示意图(单位:mm)

为了与第 11 章进行对比,D 形覆冰双索的计算流域尺寸与第 11 章中索距为 4 倍索径三维新月形覆冰双索保持一致,建立索距为 4 倍索径三维 D 形覆冰双索模型。索距为 4 倍索径三维 D 形覆冰双索模型的区域尺寸及区域坐标如图 13-2 所示。

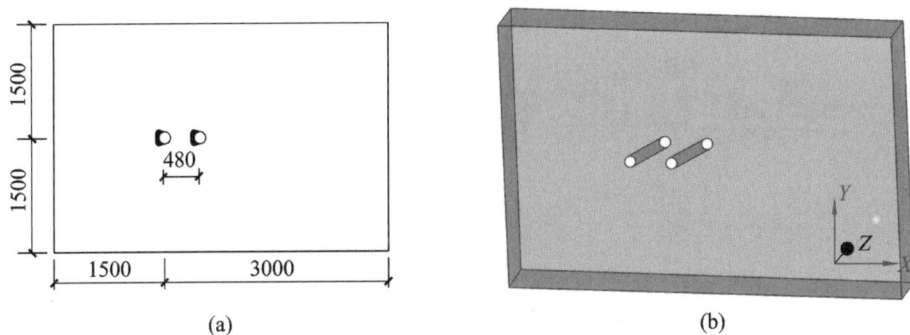

图 13-2 索距为 4 倍索径三维 D 形覆冰双索计算区域尺寸及坐标(单位:mm)

(a) 区域尺寸;(b) 区域坐标

索距为 4 倍索径三维 D 形覆冰双索模型的网格划分和数值模拟方法采用与第 3 章相同的方式,网格划分如图 13-3 所示。

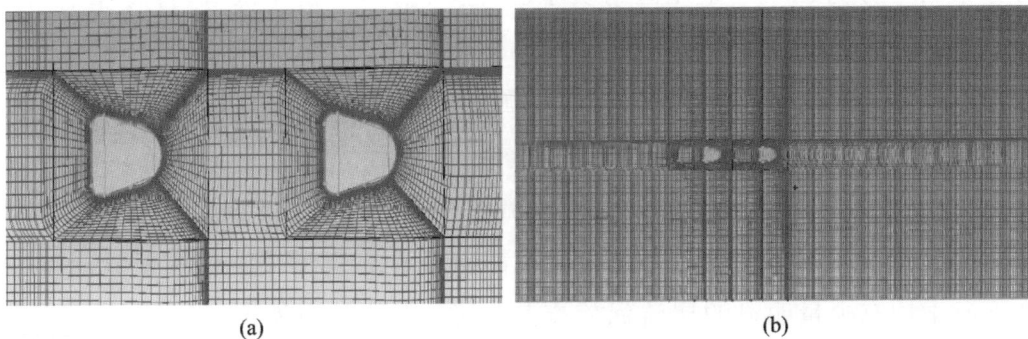

图 13-3 索距为 4 倍索径三维 D 形覆冰双索网格划分

(a) 局部网格;(b) 整体网格

13.3 索距为 4 倍索径三维 D 形覆冰双索数值模拟结果

13.3.1 典型风攻角下索距为 4 倍索径三维 D 形覆冰双索压力云图

图 13-4 所示为同一时刻索距为 4 倍索径三维 D 形覆冰双索在展向高度

$Z=300\ \mathrm{mm}$ 的监控截面 $0°$ 及 $90°$ 风攻角下的压力云图。

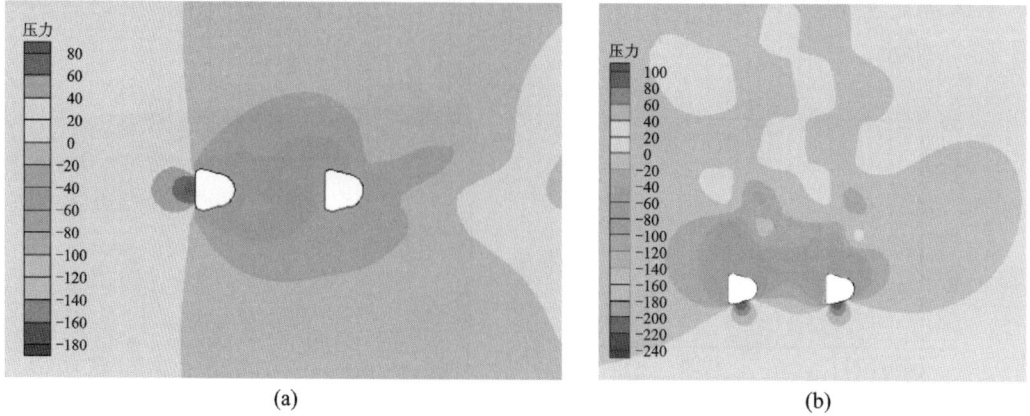

（a） （b）

图 13-4 典型风攻角下索距为 4 倍索径三维 D 形覆冰双索的压力云图（单位：Pa）

（a）0°风攻角；（b）90°风攻角

从图 13-4 中可以看出，在 0°风攻角时，索距为 4 倍索径三维 D 形覆冰双索的压力云图没有看到明显的尾流涡旋交替现象，其中，上游索在迎风面上将压力分布图一分为二——正压区与负压区，迎风面均为正压区域，且越靠近斜拉索压力值越大，直至出现最大正压，两侧及背风面均为负压区域，且两侧及背风面均为越靠近斜拉索负压值越大；而下游索，由于上游索的阻挡，索的迎风面、两侧及背风面均为负压区域，在离斜拉索较远处有少量小正压区域。在 90°风攻角时，下游索已不再处于上游索的尾流域中，索距为 4 倍索径三维 D 形覆冰双索的上游索和下游索的压力分布形式都和第 8 章 D 形覆冰单索相似，上游索和下游索均有少量明显的尾流涡旋交替现象，迎风面均为正压区域，且越靠近斜拉索压力值越大，直至出现最大正压，两侧及背风面均为负压区域，与第 11 章新月形覆冰双索相比，涡旋交替数量较少，且两索迎风面的涡旋大小均小于新月形覆冰双索。

13.3.2 典型风攻角下索距为 4 倍索径三维 D 形覆冰双索速度云图

图 13-5 所示为同一时刻索距为 4 倍索径三维 D 形覆冰双索在展向高度 $Z=300\ \mathrm{mm}$ 的监控截面 0°及 90°风攻角下的速度云图。

从图 13-5 中可以看出，在 0°风攻角时，索距为 4 倍索径三维 D 形覆冰双索的上游索，在斜拉索的背风面产生最小速度，两侧产生最大速度；下游索完全处

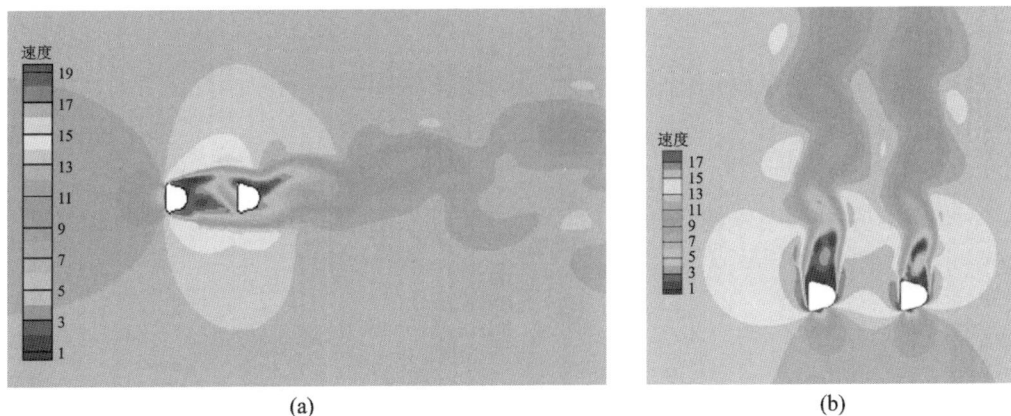

(a)   (b)

图 13-5　典型风攻角下索距为 4 倍索径三维 D 形覆冰双索的速度云图（单位：m/s）

(a) 0°风攻角；(b) 90°风攻角

于上游索的尾流中，在斜拉索的迎风面、两侧及背风面均产生最小速度。在 90°风攻角时，下游索已不再处于上游索的尾流域中，索距为 4 倍索径三维 D 形覆冰双索的上游索和下游索都表现出和第 8 章 D 形覆冰单索相似的速度分布，上游索和下游索均有少量明显的尾流涡旋交替现象，迎风面及背风面均产生最小速度，两侧产生最大速度，与第 11 章新月形覆冰双索相比，涡旋交替数量较少。

　　综上所述，将索距为 4 倍索径三维 D 形覆冰双索的压力和速度分布与第 11 章索距为 4 倍索径三维新月形覆冰双索进行对比，发现在 0°风攻角时，D 形覆冰双索的迎风面类似于一条竖直线，其两侧区域即为 D 中竖线的两端点，背风面区域即为 D 中的整个弧线部分，而新月形覆冰双索的迎风面相当于一个椭圆左边的小段弧线，两侧即椭圆的上下两小段弧线，背风面即椭圆的右边小段弧线；90°风攻角时，D 形覆冰双索的迎风面类似于一条斜线，其两侧区域即为该斜线的两端点，背风面区域即为剩下部分，而新月形覆冰双索的迎风面相当于一个椭圆下边的小段弧线，两侧即椭圆的左右两小段弧线，背风面即椭圆的上边小段弧线。因为 D 形覆冰双索与新月形覆冰双索在风荷载作用时的迎风面、两侧及背风面范围不一样，所以 D 形覆冰双索与新月形覆冰双索的压力、速度云图的分布形式差异很大。

13.3.3　全攻角下索距为 4 倍索径三维 D 形覆冰双索的气动力系数

图 13-6 是典型风攻角下索距为 4 倍索径三维 D 形覆冰双索的阻力系数和

升力系数时程曲线。

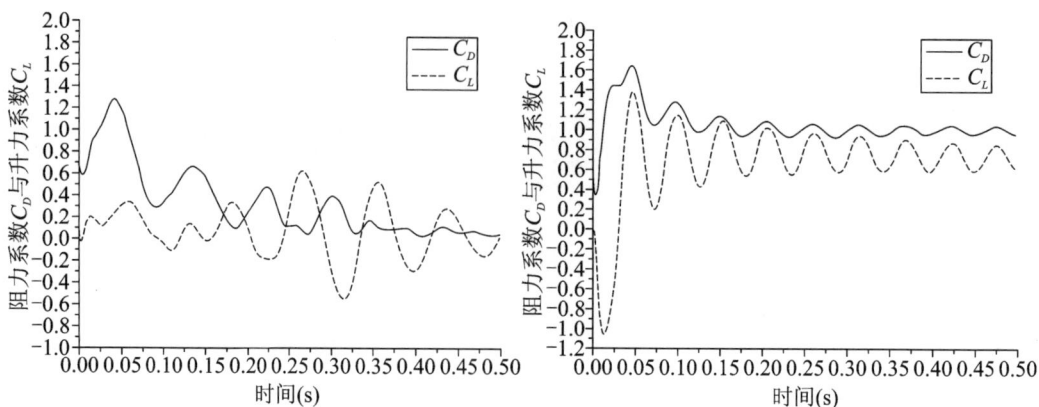

图 13-6　索距为 4 倍索径三维 D 形覆冰双索的阻力系数和升力系数时程曲线（风速：12 m/s）

(a) 0°风攻角；(b) 90°风攻角

从图 13-6 可知，在 0°风攻角时，由于上游索尾流的影响，索距为 4 倍索径三维 D 形覆冰双索下游索的升力系数在 0.2 s 以前变化规律不太明显，在 0.2 s 以后，升力系数在 0 附近呈周期性变化，且变化幅值随时间的推移逐渐减小，而第 11 章新月形覆冰双索下游索的升力系数在整个计算时间内变化规律都很明显；阻力系数呈逐渐减小趋势，最后大致稳定在 0 左右，比第 11 章新月形覆冰双索下游索阻力系数的稳定时间要长。在 90°风攻角时，没有上游索尾流的影响，索距为 4 倍索径三维 D 形覆冰双索下游索的升力系数从 0.05 s 开始在 0.7 附近呈周期性变化，变化幅值随时间的推移仍逐渐减小；而第 11 章新月形覆冰双索下游索的升力系数变化幅值逐渐增大，阻力系数大致稳定在 1.25 左右。

对索距为 4 倍索径三维 D 形覆冰双索 0°～90°风攻角的阻力系数和升力系数取平均值，得到各个角度下的平均阻力系数和平均升力系数，其随风攻角的变化规律如图 13-7 所示。索距为 4 倍索径三维 D 形覆冰双索的平均升力系数随风攻角变化曲线呈向上凸的弧线，在 0°～5°风攻角之间有较小的上升趋势，在 5°～40°风攻角之间呈平缓下降趋势，在 40°风攻角处达到最小值，约为 −0.45，在 40°～65°风攻角之间呈平缓上升趋势，在 65°～90°风攻角之间急剧上升，在 90°风攻角处达到最大值，约为 0.65。索距为 4 倍索径三维 D 形覆冰双索的平均阻力系数随风攻角变化曲线呈向下凹的弧线，在 0°～70°风攻角之间大致呈平缓上升趋势，在 0°风攻角处为最小值，约为 0.1，在 70°风攻角处达到最大值，约为 1.5，在 70°～90°风攻角之间呈下降趋势。

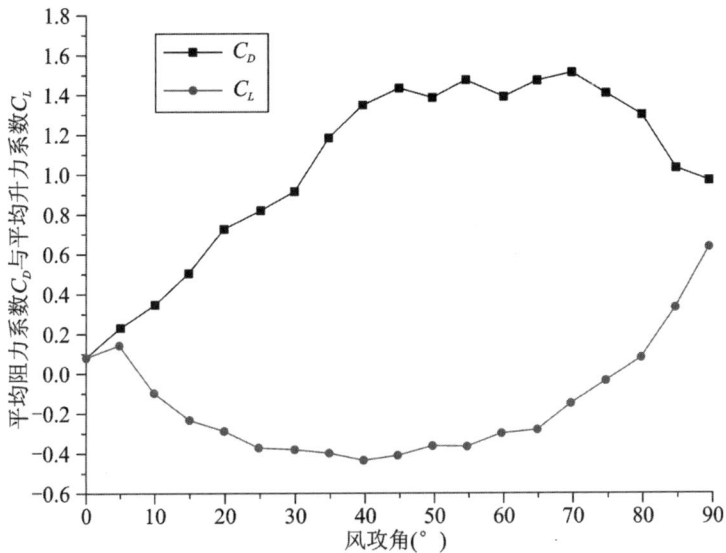

图 13-7　全攻角下索距为 4 倍索径三维 D 形覆冰双索的气动力系数(风速:12 m/s)

综上所述,将索距为 4 倍索径三维 D 形覆冰双索的典型风攻角下阻力和升力系数时程曲线及气动力系数变化曲线与第 11 章索距为 4 倍索径三维新月形覆冰双索的进行对比,发现 D 形覆冰双索在风荷载作用时上游索尾流对下游索的影响比新月形覆冰双索大,所以 D 形覆冰双索与新月形覆冰双索的气动力系数变化曲线有很大差异。

13.3.4　全攻角下索距为 4 倍索径三维 D 形覆冰双索的驰振力系数

为了判断索距为 4 倍索径三维 D 形覆冰双索是否发生尾流驰振,与第 3 章相同,运用公式(3-3)计算得到索距为 4 倍索径三维 D 形覆冰双索模型的下游索各个角度下的驰振力系数,其随风攻角的变化规律如图 13-8 所示,根据 Den Hartog 理论,当某风攻角处驰振力系数小于 0 时,认为斜拉索在该风攻角下处于不稳定状态,即发生驰振。

从图 13-8 可知,索距为 4 倍索径三维 D 形覆冰双索的下游索的驰振力系数在全攻角下都大于 0,即索距为 4 倍索径三维 D 形覆冰双索在本章工况下处于稳定状态,发生尾流驰振的可能性较小。另外,索距为 4 倍索径三维 D 形覆冰双索的驰振力系数随风攻角变化曲线的变化趋势为:在 0°~70°风攻角之间大致呈上升趋势,在 0°风攻角处为最小值,约为 0.1,在 70°风攻角处达到最大

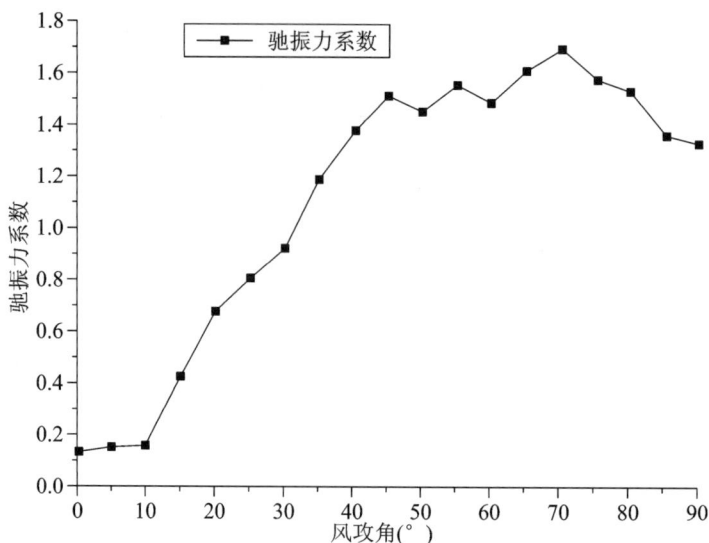

图 13-8　全攻角下索距为 4 倍索径三维 D 形覆冰双索的驰振力系数（风速：12 m/s）

值，约为 1.7，在 $70°\sim90°$ 风攻角之间呈下降趋势。与第 11 章新月形覆冰双索的驰振力系数随风攻角变化曲线相比，D 形覆冰双索的驰振力系数变化曲线变化幅度较大。

本章小结

通过建立索距为 4 倍索径三维 D 形覆冰双索的三维模型，利用 FLUENT 软件对其进行数值模拟，得到其在典型风攻角下的压力和速度云图、典型风攻角下下游索的阻力系数和升力系数时程曲线以及全攻角下下游索的气动力参数和驰振力系数，并与第 11 章索距为 4 倍索径三维新月形覆冰双索进行对比，得到以下结论：

（1）通过将索距为 4 倍索径三维 D 形覆冰双索的压力、速度云图与第 11 章索距为 4 倍索径三维新月形覆冰双索的对比发现，因为 D 形覆冰双索与新月形覆冰双索在风荷载作用时迎风面、两侧及背风面的范围不一样，所以 D 形覆冰双索与新月形覆冰双索的压力与速度云图的分布形式差异很大。

（2）通过将索距为 4 倍索径三维 D 形覆冰双索的典型风攻角下阻力和升力系数时程曲线及气动力系数变化曲线与第 11 章索距为 4 倍索径三维新月形覆冰双索进行对比发现，D 形覆冰双索在风荷载作用时上游索尾流对下游索的影响比新月形覆冰双索大，所以 D 形覆冰双索与新月形覆冰双索的气动力系数变化曲线有很大差异。

（3）索距为 4 倍索径三维 D 形覆冰双索下游索的驰振力系数在全攻角下都大于 0，即索距为 4 倍索径三维 D 形覆冰双索在本章工况下处于稳定状态，发生尾流驰振的可能性较小。与第 11 章索距为 4 倍索径三维新月形覆冰双索的驰振力系数随风攻角变化曲线相比，D 形覆冰双索的驰振力系数变化曲线变化幅度较大。

（4）从结论（1）、（2）、（3）中可以得出一个重要结论：由于覆冰类型的不同，D 形覆冰双索与新月形覆冰双索的尾流驰振特性差异较大。